W0366338

Michael J. Gelb

Sich selbst präsentieren

Michael J. Gelb

Sich selbst präsentieren

Mit Mind Mapping und
Alexander-Technik

GABAL

Titel der amerikanischen Originalausgabe:
Present Yourself

CIP-Titelaufnahme der Deutschen Bibliothek

Gelb, Michael J.:
Sich selbst präsentieren : mit mind mapping und Alexander-Technik / Michael J. Gelb. [Aus d. Amerikan. übers. von Barbara Hoffmann]. – Offenbach : GABAL, 1997
Einheitssacht. Present yourself <dt.>
ISBN 3-930799-07-3
NE: GT

Aus dem Amerikanischen übersetzt von Barbara Hoffmann

Titelillustration: G.E.L.D. Kreation, Bremen
Umschlag-Gestaltung: image team, Bremen
Herstellung: Salzland Druck GmbH & Co. KG, Staßfurt
Druck: Salzland Druck GmbH & Co. KG, Staßfurt

Verlagsinformationen:
Jünger Service, Schumannstraße 161, 63069 Offenbach
Tel.: 0 69 / 84 00 03-22(-0), Fax: 0 69 / 84 00 03-33

Inhalt

Vorwort

Von Zeit zu Zeit erscheint ein Buch, das die bisherige Sichtweise eines vertrauten Themas völlig verändert.

Das Thema, um das es hier geht, ist die Fähigkeit, frei vor anderen zu reden.

Das Buch heißt „Sich selbst präsentieren“, sein Autor ist Michael J. Gelb.

Im Privat- wie im Geschäftsleben, im Unterrichtswesen und quer durch alle Berufe ist ein freies, sicheres Auftreten für die persönliche Weiterentwicklung ein wesentlicher Faktor. Dieses Buch bietet Ihnen eine neuartige Perspektive, Ihre Fähigkeiten zu entdecken und zu entwickeln, frei von Angst und Lampenfieber vor anderen Menschen zu reden.

„Sich selbst präsentieren“ ist das erste Buch, welches die persönliche Darstellungsfähigkeit in Verbindung mit dem neuen Wissen über die Gehirnfunktionen behandelt. Das heißt, die gedanklichen Bedürfnisse des Vortragenden und diejenigen der Zuhörer werden bis ins Detail berücksichtigt. Hier wird zum ersten Mal die Pionierarbeit von F. M. Alexander über Körperbewußtsein und Entspannung verknüpft mit meiner Arbeit über Kreativität, Gedächtnis, Denkfähigkeit und das sogenannte Mind Mapping. Es ist das erste Buch über Redekunst und Darstellungsfähigkeit, das mit einem kontinuierlichen Programm der eigenen Selbstentwicklung verknüpft ist.

Im wahren Sinn des Wortes „Befreiung" ermöglicht Ihnen das schrittweise Vorgehen Michael Gelb's, Ihr natürliches Charisma freizulegen; seine Informationen werden Sie den eigentlichen Redner in Ihnen entdecken lassen, Ihren wahren Genius, Sie selbst.

Das Buch ist in seiner Art einmalig. Kaum ein anderer Autor besitzt so viel einschlägige Erfahrungen auf diesem Gebiet wie Michael Gelb. Auf der ganzen Welt hielt er Vorträge und Reden vor den unterschiedlichsten Auditorien (die Zahl seiner Zuhörer füllt die weite Skala von einer bis zu 250.000 Personen). Dabei brachten seine Zuhörer sehr verschiedene Voraussetzungen mit. Er sprach vor geistig Behinderten und Akademikern genauso wie vor Vertretern aus Wirtschaft, Schulwesen und anderen Bereichen. Sein klarer Ausdruck, seine gefällige Art, Humor und Vitalität sowie sein Engagement nehmen die unterschiedlichsten Menschen für ihn ein.

Ich hatte das Vergnügen, Michaels Qualitäten unter Umständen kennenzulernen, die jedem Redner normalerweise Alpträume bescheren würden. Da gab es Momente, wo in riesigen Sälen wenige Minuten vor Redebeginn die Beleuchtung ausfiel, die Verstärker ausgingen oder die Klimaanlage versagte. Ein anderes Mal brachen Stühle und Bänke zusammen, die Alarmanlage ertönte oder Bombendrohungen gingen ein. Dann wieder wurde er in letzter Minute um eine Veränderung seines Redethemas gebeten oder jemand kippte eine Kaffeetasse um, so daß seine Folien unbrauchbar wurden. Michael verlor nie die Nerven. Es gab kaum eine Situation, die er nicht elegant und mit Humor meisterte und bevorstehendes Unheil in unvermeidlichen Erfolg verwandelte.

Auf dieses Buch trifft der Spruch vom Prediger zu, der selbst auch das anwendet, was er über die Praxis des Predigens predigt. Sie werden sich beim Lesen dieses Buches fühlen, als ob Sie selbst an einem seiner berühmten Vorträge teilnähmen.

Meine eigene internationale Vortragskarriere wurde durch Michael außerordentlich positiv beeinflußt. Er half mir, die Prinzipien dieses Buchs bei meinem Auftreten zu beherzigen, vor allem durch seine Interpretation der Alexanderschen Thesen. Die Zusammenarbeit mit Michael verbesserte meine Kommunikationsfähigkeit mit dem Publikum erheblich.

Die herausragende Fähigkeit eines Menschen in einem jeden Gebiet resultiert aus der unaufhörlichen Suche nach genauem und objektivem Feedback der eigenen Leistung. In der über zwölfjährigen Zusammenarbeit mit Michael haben wir uns mit allen unseren zurückliegenden Reden kritisch auseinandergesetzt und viele Einsichten gewonnen. Dadurch entstand die Herausforderung, neue Ebenen der Darstellungskunst zu erreichen. Die Arbeit mit gedanklichem Feedback ist inspirierend und unerläßlich – doch darüber bald mehr in diesem Buch.

Als ich mit meinen Forschungen über die Gehirnfunktionen begann und daraus die Mind Mapping Methode entwickelte, wünschte ich mir, andere würden meine Vision aufgreifen und auf weitere Lebensbereiche übertragen. Durch das Buch „Sich selbst präsentieren" wurde für mich ein Traum Wirklichkeit. Mit Klarheit, Prägnanz und Aufrichtigkeit hat Michael meine Forschungsergebnisse sowie die Arbeiten Roger Sperrys und F. M. Alexanders umgesetzt und fortgeführt. Michaels außergewöhnliche Kreativität gibt dem Ganzen eine neue Prägung.

Dieses Buch befähigt jeden, neue Quellen persönlichen Ausdruckreichtums zu erschließen. Jeder kann sein Wissen, seine Herangehensweisen und Ansichten sowie schließlich seine ganze Begeisterungsfähigkeit in die Waagschale werfen.

Dieses Buch ist gleichermaßen wertvoll für Anfänger wie für geübte Redner, Lehrer, Manager und überhaupt für jeden, der vor Publikum bestehen will. Mit einem Wort: Es ist das Standardwerk auf diesem Gebiet.

Es ist für Sie.

Tony Buzan
Marlow (G.B.)

Was will dieses Buch

Denken Sie an den letzten Vortrag, dem Sie zugehört haben …
War er faszinierend? Mitreißend? Brachte er neue Erkenntnisse?
Wie gut erinnern Sie sich daran?

Die meisten Vorträge sind langweilig und werden schnell wieder vergessen. Langweilig wird ein Vortrag, wenn diffuse Ängste den Redner veranlassen, statt einer lebhaften, ausdrucksvollen Darstellung seine Zuflucht in risikoloser Mittelmäßigkeit zu suchen. Da die meisten Redner sich zudem fast nur auf den Inhalt ihres Vortrages konzentrieren, lassen sie bei Vorbereitung und Darbietung ihrer Präsentation das Zentrum aller menschlichen Kommunikation und Informationsverarbeitung außer acht: das Gehirn. Werden aber dessen Funktionsweisen und Eigenarten übergangen, wird der Zuhörer alles Gesagte schnell wieder vergessen.

Das menschliche Gehirn ist ein phantastisches Instrument, komplexer und leistungsfähiger als der größte Computer. Allerdings wurden 95% dessen, was wir über das Gehirn wissen, erst innerhalb der letzten zwanzig Jahre entdeckt.[1] Wir fangen gerade erst an, das neue Wissen zur Verbesserung unseres Gedächtnisses, unserer Lern- und Kommunikationsfähigkeit anzuwenden und zu erweitern. Es hat Millionen von Jahren einer spannenden Entwicklung gedauert, bis unser Gehirn mit den heute vorhandenen Möglichkeiten einer differenzierten und effizienten Kommunikation ausgestattet wurde. Jedes neugeborene Baby verfügt bereits über eine enorme Kapazität, sich ausdrucksvoll mitzuteilen. Kaum eine andere Fähigkeit entwickelt sich so rasch wie die der aktiven Kommunikation. Geradezu tragisch ist es, wie häufig dieser natürliche Prozeß durch verfehlte Erziehungsmaßnahmen verengt und oft ganz und gar blockiert wird. Insbesondere durch schulische Lernprozesse entwickelt sich eine übertriebene Angst davor, Fehler zu machen. Diese Angst ist später ein wesentliches Hindernis, sich frei und lebendig vor anderen auszudrücken.

Die Befreiung von Ängsten und ein besseres Verständnis für die Arbeitsweisen des Gehirns sind die wichtigsten Voraussetzungen für ein natürliches, sicheres und überzeugendes Auftreten. Diese zwei Themen stehen deshalb im Mittelpunkt des Buches.

In den folgenden Kapiteln lernen Sie die Komplexität und das große Potential des Gehirns als Grundvoraussetzung jeglicher Kommunikation kennen und halten damit den Schlüssel für die Entfaltung Ihrer Darstellungsfähigkeiten in Händen. Die gelungene Zusammenarbeit von rechter und linker Gehirnhemisphäre hat unmittelbaren Einfluß auf sicheres Auftreten und optimal vorbereitete Reden.

Vor allem werden Sie die Mind Mapping Methode kennenlernen, eine revolutionäre Alternative zum althergebrachten Redekonzept. Diese Methode ist eine große Hilfe dabei, ein Redegerüst schneller und flexibler aufzubauen. Ein besonderer Vorteil besteht darin, daß Sie sich besser an Ihre Ausführungen erinnern und Ihr Auftreten dadurch spontan und authentisch wird.

Ferner lernen Sie einige einfache, aber effektive Methoden für die Vorbereitung und Einübung Ihrer Auftritte. Positive Visualisierungen von Ideen und Gedanken bilden die Basis für den späteren Erfolg.

Nicht nur die Funktionsweisen des eigenen Gehirns spielen eine wichtige Rolle; entscheidend ist auch, was sich in den Köpfen der Zuhörer abspielt. Dazu muß man die Bedürfnisse der Zuhörer kennen und berücksichtigen lernen.

Durch die Anwendung acht spezifischer Verfahrensweisen wirken Inhalt und Zeitablauf Ihres Auftretens ganzheitlich und gleichzeitig aktivierend auf Ihre Zuhörer. Sie werden erfahren, wie Sie eine entspannte und „gehirnaktivierende" Atmosphäre schaffen können, die Ihrem Publikum dabei hilft, Ihre Ausführungen leicht zu verstehen und dauerhaft zu erinnern. Wichtig für eine positive Grundstimmung Ihrer Zuhörer sind u. a. auch der sorgfältige Einsatz technischer Unterstützungen wie audio-visuelle Hilfsmittel, richtige Beleuchtung und gut eingestellte Belüftung, aber auch ein bewußter und achtsamer Umgang mit Ihrer eigenen äußeren Erscheinung.

Die Kenntnis von der Arbeitsweise des Gehirnes gibt Ihnen Selbstvertrauen in die eigene Redefähigkeit. Doch zuerst müssen Sie Ihre Ängste erkennen und lernen, diese negativen Energien umzuwandeln. Ängste sind ein bekanntes Phänomen, fast jeder Redner wird damit konfrontiert. Wie eine Umfrage ergeben hat, lösen Auftritte vor einem größeren Publikum bei annähernd der Hälfte aller Befragten erhebliche Angstgefühle aus.[2] Fast jeder kennt das Gefühl von Nervosität, Anspannung und Unsicherheit während eines Vortrages. Angst ist die Ursache dafür, daß Redner ihren Auftritt mit einem Minimum an Risiko überstehen wollen. Leider kommen dabei phantasielose, mechanische Reden heraus, denen jegliche natürliche Ausstrahlung fehlt und die das Publikum eher einschläfern als anregen.

Dem Thema Angst wird daher in diesem Buch ganz besondere Aufmerksamkeit gewidmet. Das Verständnis für die subtilen Mechanismen von Angst erlaubt deren Kontrolle, bevor sie sich auf den Vortrag negativ auswirkt. Die hinter dieser Angst steckende Energie kann transformiert und zu Ihrem Vorteil verwendet werden. Unter Einbeziehung einiger Praktiken aus dem Schauspielbereich lernen Sie, durch richtige Körpersprache Ihr Auftreten sicher und ohne Angst zu gestalten.

Gemeinhin wird angenommen, es gebe entweder gute oder schlechte Redner. Meine jahrelangen Erfahrungen zeigen aber, daß jeder das Potential für sicheres und überzeugendes Auftreten in sich trägt.

Sie müssen keine Anstrengungen unternehmen, etwas anderes darzustellen, als Sie sind. Sie brauchen Ihre

Angst und Unsicherheit auch nicht mit einer scheinbaren äußeren Gewandtheit zu übertünchen. Bleiben Sie natürlich und setzen Sie Ihren gesunden Menschenverstand ein – aufrichtig, einfühlsam und mit innerer Überzeugung.

Dieses Buch will dem Leser zeigen, wie er seine persönlichen Talente und natürlichen Fähigkeiten vor einer großen Zuhörerschaft am besten einsetzen kann, denn jeder hat die Möglichkeit, ein besserer Redner zu sein – er muß nur die Herausforderung annehmen und zielstrebig darauf hinarbeiten.

Dieses Buch soll Ihnen dabei helfen, öffentliche Auftritte nicht nur zu „überstehen", sondern sie zu einer faszinierenden und positiven Erfahrung zu machen.

Über mein Institut „High Performance Learning" in Washington D.C. habe ich nun schon unzählige Seminare für Menschen aus allen Bereichen abgehalten. Darunter waren Spitzenmanager und leitende Angestellte von Groß-unternehmen wie IBM, DuPont, General Motors, AT&T, Angehörige der U.S. Armee, der Nationalgarde, der Verwaltung, dem Schulwesen usw. Die Skala reichte dabei von Menschen mit extremer Redeangst über Ausbildungsleiter bis hin zu professionellen Vortragsrednern.

Die schönste Erfahrung meiner Arbeit besteht darin, Menschen ganz unterschiedlicher Bildung und Begabung dabei zu erleben, wie sie ohne Angst und ohne Verkrampfung bei ihren Auftritten das Beste geben. Und häufig höre ich dann die Frage: „Warum hatte mir nie jemand gesagt, wieviel Spaß das machen kann?"

Als Leser dieses Buches wünsche ich Ihnen, daß Sie genau diese Freude schon bald erleben.

Michael J. Gelb
Washington D.C.

1

Das eigene Gehirn kennenlernen

Das Interesse an dem Verständnis für die Arbeitsweise des Gehirns ist etwas Selbstverständliches. Es basiert lediglich auf Neugier: der Frage warum wir leben, was wir mit dem Leben anfangen und wohin unser Lebensweg uns führt.

Dr. Paul MacLean, Direktor des Laboratory of Brain Evolution and Behavior, National Institute of Mental Health

Unser Erziehungssystem oder ganz allgemein die moderne Gesellschaft wertet die Leistungsfähigkeit einer Hälfte unseres Gehirns ständig ab. Im gegenwärtigen Erziehungssystem richten wir nur geringe Aufmerksamkeit auf die rechte Hemisphäre, verglichen mit der Intensität, mit der wir die linke ausgiebig trainieren.

Roger Sperry, Nobelpreisträger für Medizin von 1981

Unser Gehirn ist zu erstaunlichen Leistungen fähig. Um diese Zeilen zu erfassen, bedarf es pro Sekunde 100000 chemischer Reaktionen des Gehirns. Die Anzahl der möglichen Verbindungsmuster, die zwischen den zwölf Milliarden Gehirnneuronen hergestellt werden könnten, übertrifft die geschätzte Anzahl aller Atome des Universums um ein Mehrfaches. Die zerebrale Neuronenvernetzung ist mindestens 1400mal komplexer als das gesamte Telefonsystem der Welt.[1]

Wir können heute mit großer Wahrscheinlichkeit annehmen, daß das Gehirn in der Erinnerung nahezu alles speichert, was wir je gesehen, gehört, berührt, gerochen oder gedacht haben.[2]

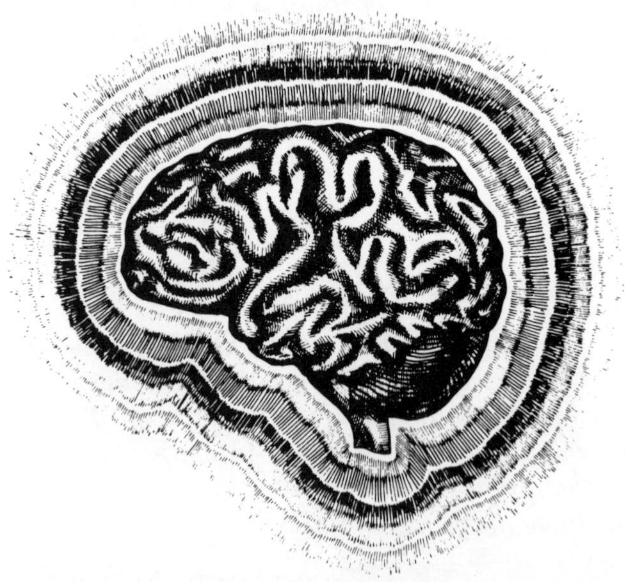

Das menschliche Gehirn

Die Speicherfähigkeit des Gehirns scheint grenzenlos zu sein. Sie wird jedoch kaum genutzt, weil die meisten von uns nie gelernt haben, ihr Gehirn in der richtigen Weise zu aktivieren. Psychologen schätzen, daß wir nur wenige Prozente unseres Gehirnpotentials tatsächlich einsetzen.[3]

Warum? Viele Menschen haben noch nie versucht, die eigentliche Leistungsfähigkeit ihres Gehirns zu nutzen. In der Schule lernen wir Mathematik, Geschichte und andere Fächer, doch vom Gehirn und seinen grenzenlosen Möglichkeiten erfahren wir in der Regel nichts. Wir haben nicht gelernt, die immense Bedeutung des Gehirns für Kreativität, Lernbereitschaft, Erinnerungsvermögen und Kommunikationsfähigkeit wirklich zu begreifen.

Und genausowenig sehen wir die direkte Verbindung zwischen dem Gehirn und der Art und Weise, wie wir nach außen auftreten.

Ihr Gehirn ist immer dabei!

Stellen Sie sich einmal vor, was alles während eines Vortrags geschieht. Das Gehirn des Referenten „spricht" zu den Gehirnen des Publikums. Z. B. formt mein Gehirn in dem Moment, wo ich diesen Text niederschreibe, diese Worte, die Ihr Gehirn auf dem Weg über Ihre Augen beim Lesen erfaßt. So ist jegliche Kommunikation letztlich Kommunikation von „Gehirn zu Gehirn".

Bei allem, was Sie bisher in Büchern über sicheres Auftreten gelesen oder in Rhetorikkursen gelernt haben, blieben Ihre Gehirnaktivitäten wahrscheinlich unerwähnt. Gleichgültig ob Sie ein versierter Redner oder ein Anfänger sind, die Idee, einen Vortrag auf den Grundprinzipien der Gehirnaktivitäten aufzubauen, wird Ihnen vermutlich neu sein.

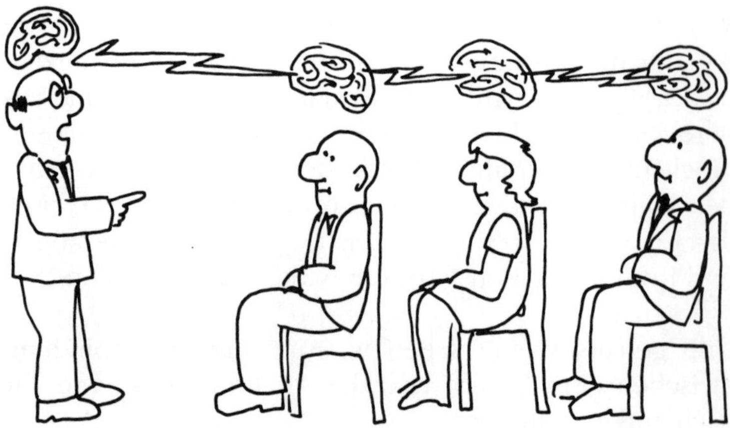

Die Grundprinzipien der Gehirnaktivitäten zu vernachlässigen, bedeutet u. a., eine Hälfte des Gehirns völlig ungenutzt zu lassen und nur halb soviel Wirkung bei Ihrem Publikum erzielen zu können.

Die Dominanz der linken Hälfte

In den frühen 70er Jahren leistete der Nobelpreisträger für Medizin, Dr. Roger Sperry, Pionierarbeit in der Forschung über links- und rechtshemisphärisches Denken und erreichte mit seinen umwälzenden Entdeckungen eine breite Öffentlichkeit.

Sperry und seine Mitarbeiter verglichen die Gehirnaktivitäten von Testpersonen, die sich gerade mit unterschiedlichen Aufgaben befaßten. Aus den Ergebnissen schlossen sie, daß der linken und rechten Gehirnhälfte jeweils spezifische Aufgaben zukommen. Die linke Hemisphäre ist demnach hauptsächlich verantwortlich für logisches Denken, Sprache, Details, mathematische und analytische Überlegungen, während die rechte Hemisphäre Aufgaben übernimmt, die mit Räumlichkeit, Rhythmus, Farbe, Vorstellungskraft und ganzheitlichem Erfassen von Zusammenhängen in Verbindung stehen.[4]

Leider sind wir in einer Kultur groß geworden, die schon sehr früh linkshemisphärische Aktivitäten bevorzugt gefördert hat.

Die ersten drei Schulfächer waren bei den meisten Lesen, Schreiben und Rechnen. Die Klassenbesten waren deshalb diejenigen, die sich durch ausgeprägte linkshemisphärische Fähigkeiten auszeichneten.

Kinder, die während der Schulstunde tagträumerisch zum Fenster hinaussehen, auf ihre Schulhefte Zeichnungen kritzeln oder mit den Fingern rhythmisch auf die Bank trommeln, werden dagegen ganz anders bewertet. Ihre Vorstellungskraft und Ausdrucksfähigkeit wird häufig als Verhaltensstörung abqualifiziert.

Aktivitäten des rechten Gehirns wie z. B. Träumereien, Phantasien und Humor werden in der Schule selten akzeptiert und schon gar nicht gefördert.

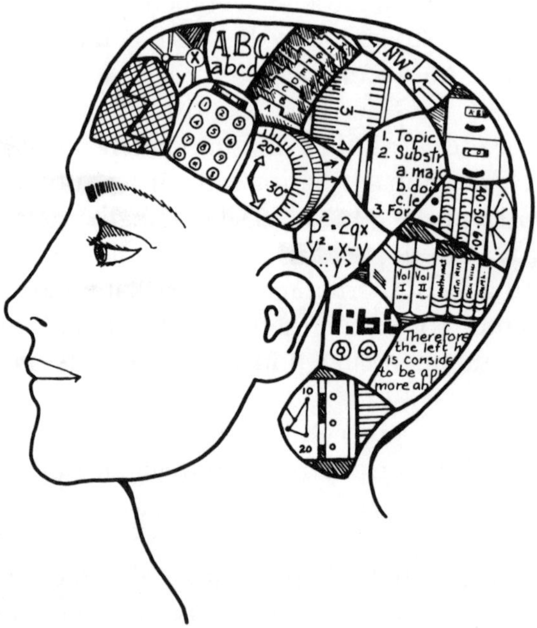

Die „logischen" Gehirnfunktionen

Die Schule ist Vorreiter der Arbeitswelt. Auch dort dominieren linkshemisphärisch Fähigkeiten wie Organisieren und effizientes Handeln auf Kosten von Vorstellungskraft, Phantasie und Kreativität.

Schließlich versucht man, alle Aufgaben ausschließlich mit der linken Gehirnhälfte zu lösen, was aber eine Einschränkung der vorhandenen Möglichkeiten des Gehirns bedeutet.

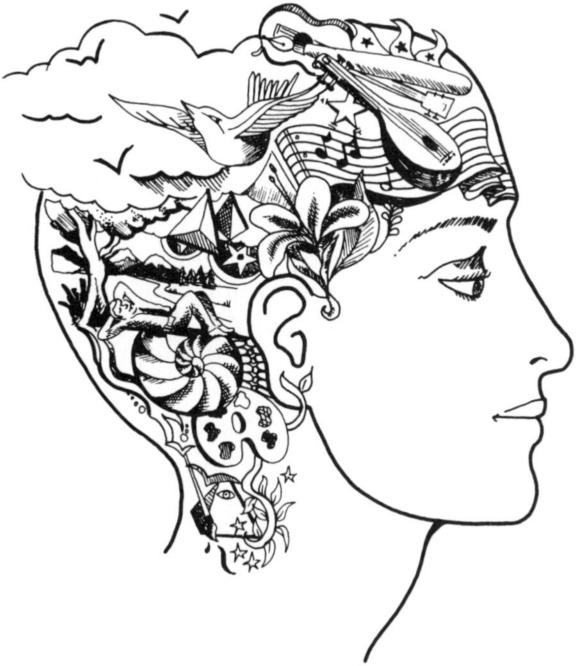

Die „phantasievollen" Gehirnfunktionen

Reden mit dem ganzen Gehirn

Geschäftsleute und Lehrer, aber auch Menschen anderer Berufsgruppen orientieren sich bei einem sachlichen Vortrag daran, den Inhalt seiner inneren Logik gemäß detailliert und Schritt für Schritt zu präsentieren. Wie selbstverständlich gehen sie davon aus, daß die Zuhörer alles gut verstehen.

Ein Vortrag muß zwar informativ und gut strukturiert sein, aber damit er wirklich überzeugend ist, bedarf er einiger wichtiger weiterer „Zutaten“: Einfühlungsvermögen, Variationen in der Sprechgeschwindigkeit, Ausdruck durch Körpersprache und ein lebendiger Einsatz von sprachlichen und nichtsprachlichen Vorstellungsbildern.

Forschungsergebnisse zeigen, daß die Zuhörer stärker auf Körpersprache, Sprachrhythmus und Metaphorik des Redners reagieren als auf den Inhalt des Vortrags. Diese rechtshemisphärischen Elemente überzeugen meist mehr als die Worte selbst.[5]

Wollen Sie also sichergehen, daß Ihr Vortrag die Zuhörer anregt und sie das, was Sie sagen, für lange Zeit behalten, müssen beide Gehirnhälften zusammenarbeiten. Ihr Vortrag muß eine Synthese aus Metaphorik und Intuition einerseits sowie Logik und analytischem Denken andererseits sein.

Zusammenfassung

Um nachhaltigen Eindruck zu machen, müssen Sie sich mit den Fähigkeiten beider Gehirnhälften vertraut machen. Nur wenn Sie beide Hemisphären benutzen – die logische *und* die imaginative – können Sie mit dem Gehirnpotential der Zuhörer kommunizieren.

Wie können wir den effektiven Einsatz beider Gehirnhälften am besten erreichen?

Im nächsten Kapitel werden Sie eine ganzheitliche Technik erlernen, welche die Eigenschaften beider Hemisphären berücksichtigt. Mit dieser Technik können Sie Ideen für eine gute Präsentation sammeln und strukturieren.

Sie werden erstaunt sein, zu welchen Leistungen Ihr Gehirn fähig ist.

2

Mind Mapping

Mind Mapping ist für das Zeitalter der Raumfahrt und Computer, was linear strukturierte Konzepte für das Mittel- und angehende Industriezeitalter waren.

Tony Buzan

Chris, Manager einer großen Firma, hält regelmäßig Vorträge und Reden. Seit Jahren schon empfand er dies als besonders unangenehme und schwierige Aufgabe. Sein Hauptproblem war seine Schwierigkeit, Gedanken in Form zu bringen und zu strukturieren. Obwohl er auf seinem Fachgebiet sehr viel wußte, war sein Wissen wie weggeblasen, wenn es darum ging, eine Rede vorzubereiten.

Chris war wie die meisten von uns gewöhnt, seine Gedanken mit Hilfe eines numerisch strukturierten Konzeptes zu ordnen. Wie wir alle wissen, beginnt ein solches Konzept mit Punkt römisch I.

Chris saß dann also lange an seinem Schreibtisch und wartete auf den ersten Einfall. Nach einer langen Wartezeit, die ihm wie eine Ewigkeit erschien, kam ihm endlich die erste Idee, nach einer Weile die zweite und so weiter und so fort.

Irgendwann stellte er vielleicht fest, daß III C eigentlich II A sein müßte. Er strich durch und markierte mit Pfeilen, bis er schließlich feststellen mußte, daß sein übersichtlich begonnener Entwurf im Chaos endete. Hatte er einmal diesen Punkt erreicht, fing er oft mit Tagträumen an oder zerknüllte aus Ärger das Papier und begann von neuem. Im Laufe der Jahre brachte er mit dieser Methode so manchen Papierkorb zum Überfließen.

Der Ärger mit dem linearen Konzept

Chris steht nicht allein. Meiner Erfahrung nach braucht der durchschnittlich geübte Redner drei Tage zur Vorbereitung einer 45minütigen Rede. Drei Tage voller Frustration, verworfener Ideen und zerknüllter Thesenpapiere.

Während wir versuchen, unsere Gedanken zu sortieren und stimmig zu machen, vergeuden wir viel Zeit und Energie damit, auf das Auftauchen guter Ideen zu warten. Die einzige Methode, Ideen hervorzubringen, die wir je gelernt haben, ist die althergebrachte Methode des strukturierten Konzepts. Sie aber verlangsamt unsere Denkfähigkeit und begrenzt unsere Kreativität.

Warum? Das linear/numerisch strukturierte Konzept zwingt dem Denkprozeß vorzeitig eine Ordnung auf und greift in Geschwindigkeit und Abfolge unseres Ideenflusses ein. Es ist eine einseitig linkshemisphärische Technik.

Unser Gehirn verfügt über unerschöpfliche Möglichkeiten, Ideen zu erzeugen. Die bestmögliche Art, aus diesem

Reservoir zu schöpfen, ist es, unserem Ideenfluß einfach freien Lauf zu lassen, bevor wir versuchen, ihn zu strukturieren.

Unser Gehirn ist auf der Suche nach guten Ideen auf eine fließende Zusammenarbeit beider Gehirnhälften angewiesen. Wenn wir ihm eine Arbeitsmethode aufzwingen, die nur den Funktionsabläufen einer Hälfte unseres Kopfes entspricht, reduzieren wir seine Leistungsfähigkeit drastisch. Ja, allzu häufig versiegt der Ideenfluß ganz, weil wir uns auf diese Art und Weise selbst blockieren. Unser Gehirn ist dann nicht mehr in der Lage, auf effektive Weise Ideen zu erzeugen.

Natürlich ist auch ein hohes Maß an logischem Denken notwendig, um eine verbindliche, organisierte Abfolge eines Redebeitrags zu erstellen. Denn ohne eine Strukturierung ist die Kreativität totgeboren.

Die Alternative zum strukturierten Konzept ist die Synthese aus rechter und linker Hemisphärenaktivität. Wir brauchen eine Methode, die sowohl dem rechten Gehirn erlaubt, seine Ideen frei fließen zu lassen, als auch dem linken Gehirn die Möglichkeit beläßt, Details im Auge zu behalten und Ordnung zu schaffen.

Eine Einführung in das Mind Mapping

Mind Mapping wurde in den frühen 70er Jahren von dem englischen Gehirnforscher Tony Buzan entwickelt. Es war als eine beide Gehirnhälften einbeziehende ganzheitliche

Alternative zum linearen Konzept gedacht. Mind Mapping erleichtert Ihnen den Zugang zu Ihren Ideen, während es gleichzeitig Ihre Fähigkeit zum Strukturieren steigert. Es erlaubt die harmonische Zusammenarbeit zwischen der analytischen, detailorientierten linken und der bildhaft denkenden, schöpferischen rechten Gehirnhälfte.[1] Ein Mind Map benutzt Schlüsselworte, Farben und Bilder, um Ideen darzustellen. Sein nichtlineares Format ermutigt Sie dazu, Ideen spontan fließen zu lassen und eine ungeheure Fülle bedeutsamer Informationen auf *ein* Blatt Papier zu bringen.

Beim Mind Mapping sind sieben Regeln zu beachten, die ich Ihnen jetzt vorstellen möchte.

1. Beginnen Sie das Mind Map, indem Sie das Leitmotiv in die Mitte des Blattes zeichnen.

Dieses Bild dient als Ausgangsbasis für kreative Assoziationen. Bilder helfen der rechten Hemisphäre auf die Sprünge. Sie bleiben leichter als Worte im Gedächtnis haften und steigern, auch wenn es befremdlich klingen mag, Ihre Fähigkeit zum kreativen Umgang mit dem Thema. Gleichgültig, ob Sie Talent zum Malen besitzen oder nicht, malen Sie einfach drauflos. Ihr Gehirn dankt es Ihnen, auch wenn Sie kein zweiter Picasso sind.[2]

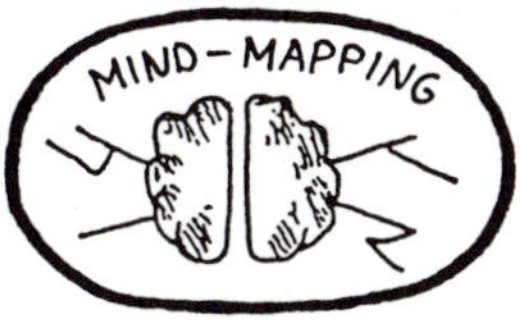

Bild in der Mitte

2. Benutzen Sie Schlüsselwörter.

Schlüsselwörter umfassen ein ganzes Bündel an Informationen. Sie bilden die Grundlage für das Erinnerungsvermögen und für freie Assoziationen. Forschungen zufolge können Schlüsselwörter ohne großen Bedeutungsverlust wesentlich schneller gebildet werden als ganze Sätze im linear strukturierten Konzept.[3] Man kann sich auch viel leichter an sie erinnern.

Es ist einfach, Ideen in Form von Schlüsselwörtern aufs Papier zu bringen. Das Schlüsselwort in einem Vortrag über Shakespeares Dramen könnte z. B. „Hamlet" lauten. Es könnte das Schlüsselwort auf der zweiten Ebene, z. B. „Prinz" oder „Dänemark" auslösen. Wörter sind nur dann Schlüsselwörter, wenn sie bei Ihnen Assoziationen oder Vorstellungsbilder auslösen. Beispiele für Wörter, die nicht als Schlüsselwörter in Frage kommen, sind „der, die, das" oder „und".

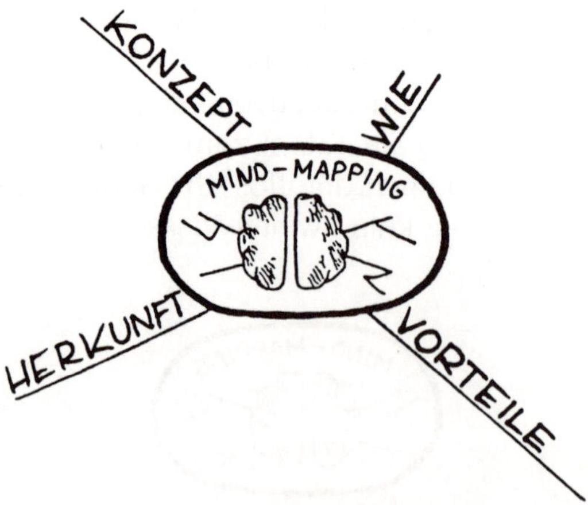

Schlüsselwörter

3. Verbinden Sie das Leitmotiv mit Ihren Schlüsselwörtern durch Linien.
Indem Sie Verbindungslinien zeichnen, wird die Verknüpfung der Schlüsselwörter untereinander deutlich.

4. Schreiben Sie Blockbuchstaben.
Durch das Schreiben in Blockbuchstaben werden Worte besser aufgenommen und sind später aus dem Gedächtnis leichter abrufbar.

5. Schreiben Sie jeweils nur ein Schlüsselwort auf die Linie.
Dadurch werden Häufungen vermieden, außerdem bleibt jedem Wort genügend Platz für alle kreativen Assoziationen. Hin und wieder ist die Versuchung groß, einen ganzen Satz hinzuschreiben. Halten Sie sich jedoch lieber an die Regel: Nur ein Wort pro Verbindungslinie.

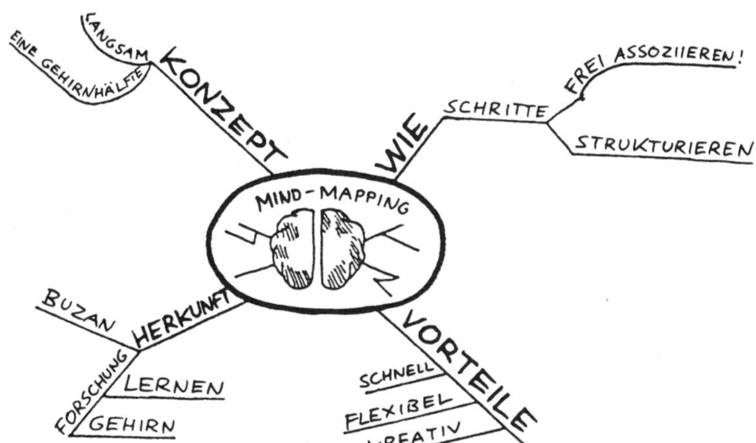

Ein Wort pro Linie

6. Verwenden Sie Farben, Bilder und Symbole.
Durch Farben können Sie wichtige Punkte hervorheben und Beziehungen zwischen den einzelnen Ästen des Mind Map herstellen. (Zum Beispiel gelb für die wichtigsten Punkte, blau für die zweitwichtigsten usw.) Bilder und Symbole sollten so oft wie möglich benutzt werden. Sie fördern kreatives Assoziieren und lassen sich leichter einprägen. Die Benutzung von Symbolen wie Sternchen, Ausrufezeichen, Buchstaben und Zahlen verdeutlicht die Beziehungen der Begriffe und dient als Mittel zur weiteren Strukturierung des Arbeitspapiers.

Farben, Bilder, Symbole

7. Zuerst assoziieren, dann organisieren.
Bei der Erstellung eines Mind Map für Vorträge und Reden unterscheidet man zwei Phasen.

a) Sammeln Sie so viele Ideen wie möglich. In dieser Phase der freien Assoziation lassen Sie Ihre Gedanken schweifen und schreiben die größtmögliche Anzahl von Schlüsselworten und Symbolen auf. Notieren Sie alles ohne Einschränkung, auch wenn Ihnen manchmal ein Wort unwichtig oder lächerlich erscheint. So bekommen Sie spielerisch Zugang zu all dem, was in Ihnen steckt. Aus scheinbaren Nebensächlichkeiten entstehen oft neue Ideen und kreative Einsichten.

b) In der zweiten Phase muß nun die Vielzahl von Assoziationen strukturiert werden. Überprüfen Sie das Mind Map aus einer analytischen Perspektive und streichen Sie alles Überflüssige. Die Schlüsselbegriffe werden dadurch verfestigt. Ziffern, zusätzliche Farben, Buchstaben oder Symbole können Ihnen bei der Festlegung einer Reihenfolge innerhalb des ganzen Materials helfen. Vielleicht möchten Sie das Mind Map auch neu erstellen, um es noch besser zu strukturieren. Sie könnten dann z.B. wie auf dem Zifferblatt einer Uhr den ersten Punkt auf ein Uhr setzen und alle weiteren Punkte fortlaufend im Uhrzeigersinn anordnen. Sie können auch das Mind Map in die Form eines strukturierten Konzepts übertragen.

Mind Mapping für den Vortrag

Mind Mapping ist eine sehr einfache Methode. Sie brauchen nur Ihr Gehirn, einige bunte Stifte, ein Blatt Papier und die Bereitschaft, etwas Neues zu lernen. Sie können, wenn Sie möchten, Mind Mapping gleich zur Vorbereitung Ihres nächsten Vortrags verwenden. Am besten ist es aber, wenn Sie es erst einmal ohne den Druck einer Verpflichtung ausprobieren.

Wählen Sie ein Thema und beachten Sie folgende Anleitungen:

• Nehmen Sie einen großen Bogen Papier (je größer desto besser) und fünf Farbstifte, eventuell auch fluoreszierende Stifte als zusätzliche Farben. (Zur Not reicht auch ein Stift und ein kleines Blatt Papier.) Legen Sie das Papier vor sich auf den Tisch.

• Zeichnen Sie das Leitmotiv in die Mitte des Blattes. Dabei ist es wichtig, daß die Zeichnung an das Leitmotiv erinnert. Benutzen Sie mindestens drei Farben und zeichnen Sie so lebendig wie möglich. Es spielt keine Rolle, ob das Bild perfekt gezeichnet ist oder nicht (s. Regel 1). Hauptsache ist, daß Sie dabei Spaß haben.

• Konzentrieren Sie sich jetzt auf Ihr Bild und schreiben Sie die Schlüsselwörter auf Linien, die strahlenförmig von Ihrem Bild ausgehen. Zur Erinnerung: nur ein Schlüsselwort pro Linie. Blockschrift verwenden. Die Linien miteinander verbinden (Regeln 2-5). Benutzen Sie so oft wie möglich Bilder, Symbole und Farben (Regel 6). Lassen Sie Ihrer Phantasie freien Lauf und schreiben Sie das Blatt voll so schnell Sie können. Wenn kein Platz mehr ist, die Ideen aber noch weitersprudeln, nehmen Sie einfach ein neues Blatt. Sollte Ihr Ideenfluß ins Stocken geraten, dann greifen Sie ein Schlüsselwort heraus und schreiben Sie den ersten Einfall, den Sie haben auf, auch wenn er Ihnen unwichtig oder lächerlich erscheint. Halten Sie lie-

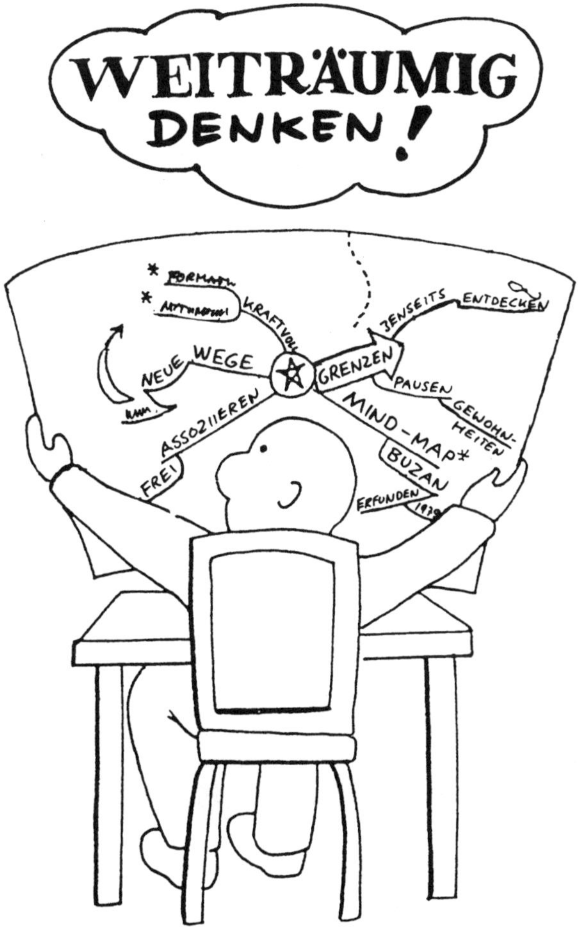

ber Ihren Ideenfluß aufrecht und grübeln Sie nicht darüber, ob ein Wort auch „richtig“ ist.

• Wenn Ihnen genug eingefallen ist, betrachten Sie das Bild. Alle Ihre Ideen zum Thema sind nun auf dem Blatt verteilt. Nachdem Sie Ihr rechtes Gehirn als Ideengeber benutzt haben, wechseln Sie zur linken Hälfte hinüber und strukturieren Sie das Mind Map.

Betrachten Sie das Mind Map aus der Sicht des linken Gehirns, so werden Sie Beziehungen erkennen, die für die Strukturierung eines Vortrags von Bedeutung sind. Beachten Sie Wiederholungen, denn diese greifen häufig die Hauptthemen auf und vereinen unterschiedliche Aspekte des Vortrags.

Verbinden Sie auf dem Mind Map alle miteinander in Beziehung stehenden Elemente mit Pfeilen, Linien, Symbolen oder Farben. Streichen Sie das Unwesentliche. Dabei kristallisieren sich allmählich die für den Vortrag brauchbaren Ideen heraus und können geordnet werden. Zum Schluß können Sie das Mind Map zur besseren Übersichtlichkeit neu zeichnen (Regel 7). Das dauert nicht länger als 10 Minuten und ist ein wesentlicher Schritt, das Mind Map dem Gedächtnis einzuprägen.

Die Vorteile des Mind Mapping

Je häufiger Sie die Mind Mapping Methode anwenden, desto deutlicher werden Sie die Vorteile im Vergleich zum linear strukturierten Konzept bemerken.

Mind Mapping erleichtert Ihnen den Zugang zu Ihrem gesamten Gehirnpotential. Es verhilft Ihnen zu einem schnelleren Start und Sie haben mehr Ideen in kürzerer Zeit. Das frei angeordnete Format und die Methode der Ideenverästelung erhöhen die Chance für neue Einfälle.

Mind Mapping aktiviert das gesamte Gehirn. Es hilft Ihnen, Ihre Gedanken logisch zu strukturieren, ohne Ihre Kreativität und Ihre Spontanität unterdrücken zu müssen. Durch Mind Mapping kann eine Unmenge an Informationen auf relativ wenig Raum angeordnet werden, wobei sämtliche Vortragsnotizen auf einem Blatt Papier untergebracht sind. Die Anordnung der Ideen macht die Bezüge der einzelnen Hauptaspekte zueinander deutlich. Mit Hilfe des Mind Mapping lassen sich sowohl Details als auch der Vortrag in seiner Gesamtheit auf einen Blick erfassen.

Mit Mind Mapping bleibt Ihnen das gesamte Redekonzept viel besser im Gedächtnis haften. Die Hauptbestandteile des Mind Map sind Farben, Bilder und Schlüsselwörter. Sie aktivieren das Gehirn viel intensiver als ganze Sätze. Es ist beinahe unmöglich, ein gutangelegtes Mind Map zu vergessen (In Kapitel 5 wird vertieft, wie Mind Maps zur Steigerung der Gedächtnisleistung eingesetzt werden).

Am wichtigsten aber ist, daß das Erstellen von Mind Maps mehr Spaß macht als das Abfassen strukturierter Konzepte. Es fördert Kreativität und führt im Ergebnis tatsächlich zu einer lebendigeren und authentischeren Vortragsweise.

Zusammenfassung

Mit der Anfertigung Ihres ersten Mind Maps wurden Ihnen die Fähigkeiten des ganzheitlich arbeitenden Gehirns bestimmt bewußter. Durch Mind Mapping kommt in einem Vortrag viel mehr Lebendigkeit, Kreativität und Freude zum

Ausdruck. Ganz unabhängig davon, wie gut Sie sich auf den Inhalt eines Vortrages vorbereiten, Sie müssen vor allem darauf achten, daß Ihre Gedanken *in den Köpfen Ihrer Zuhörer* lebendige Vorstellungen auslösen. Denn am Ende zählt nur, was bei den Zuhörern wirklich angekommen ist. Im nächsten Kapitel soll es darum gehen, wie Sie sicherstellen, daß die Zuhörer tatsächlich mitbekommen, was Sie ihnen mitteilen wollen.

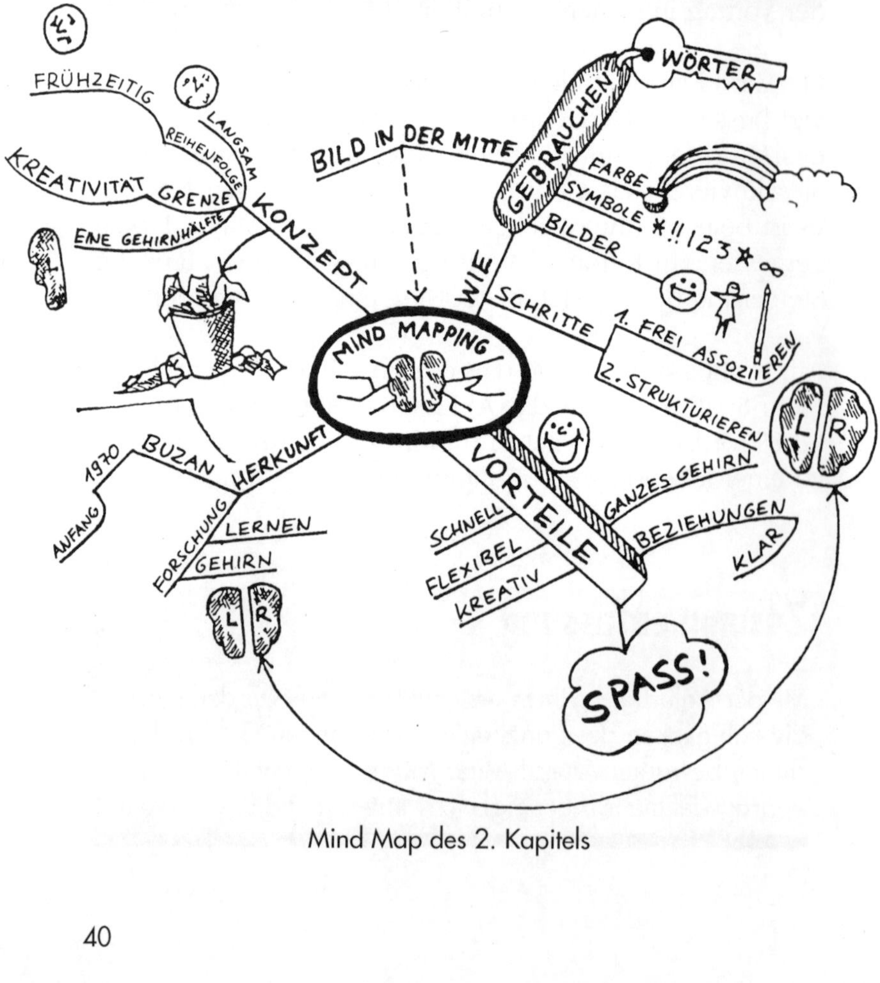

Mind Map des 2. Kapitels

3

Es geht nicht um Sie – es geht um sie

Der Sinn von Kommunikation liegt in den Antworten, die sie herauslockt.

R. Bandler und J. Grinder,
Autoren von „Frogs into Princes“

Vor einigen Jahren sollte ich auf der Konferenz einer Telefongesellschaft einen Vortrag halten. Von meinem Vorredner hieß es, er sei weltweit einer der führenden Experten auf dem Gebiet des Fernmeldewesens. Seine Rede klang ungeheuer eindrucksvoll, war aber zu „technisch“ und daher für mich zum größten Teil unverständlich. Wie sich später herausstellte, ging es den meisten anderen Konferenzteilnehmern ebenso.

Ein Fachgebiet gut zu beherrschen und es anderen Menschen nahebringen zu können, sind zwei ganz unterschiedliche Dinge. Ein Fachmann auf dem Gebiet der modernen Kommunikationstechniken ist nicht unbedingt auch ein Experte im Kommunizieren.

Bei einem wirklich guten und effizienten Vortrag dürfen nicht nur die eigene Person und das Thema im Vordergrund stehen; mindestens genauso wichtig ist das Publikum. Schließlich kann der Erfolg einer Rede nur aus der Perspektive der Zuhörer wirklich beurteilt werden. Dies erscheint zwar einleuchtend, doch viele Redner sind vom Thema oder durch ihre Nervosität so abgelenkt, daß das Publikum in weite Ferne rückt. Anders ausgedrückt: Da jegliche Kommunikation von „Gehirn zu Gehirn" verläuft, ist es unmöglich, eine wirkungsvolle Rede zu halten, ohne die „Gehirne" der Zuhörer in den Mittelpunkt zu stellen.

Viele Redner gehen fälschlicherweise davon aus, die Zuhörer würden die Informationen des Vortrags aufsaugen wie ein trockener Schwamm. Die gesamte Schulzeit hindurch sind wir auf diese Art von Kommunikation getrimmt worden. Damit laufen wir jedoch Gefahr, die Zuhörerschaft zu vergessen und umgekehrt die Aufmerksamkeit der Zuhörer zu verlieren.

Wir können das am besten nachvollziehen, wenn wir uns einmal unsere eigenen Reaktionen als Zuhörer bewußt machen. Dann werden wir bemerken, wir sehr Erfolg und Mißerfolg unserer Rede davon abhängt, wie stark wir die Sichtweise der Zuhörer berücksichtigen. Es ist besonders wichtig, sich der Anwesenheit der Zuhörer immer bewußt zu sein, egal wie sehr man in seinem Thema verstrickt ist. Ähnlich dem vorher erwähnten Fernmeldeexperten sind die meisten Redner von ihrem Thema (und manchmal auch von sich selbst) so eingenommen, daß sie die Umgebung gar nicht mehr beachten. Sie gehen völlig im Text auf und reden an den Zuhörern vorbei.

Ein breites Fachwissen zu besitzen, ist noch keine Garantie dafür, daß Sie Ihr Thema den Zuhörern wirklich nahebringen können. Wertvolle Informationen erreichen die Adressaten gar nicht, wenn wir nicht Resonanz bei den Gehirnen der Zuhörer erzielen.

Die Zuhörer als leere Gefäße

Lernen Sie Ihr Publikum kennen

Um Ihr Publikum kennenzulernen, *müssen* Sie sich in seine Position begeben. Dies wird Ihnen besser gelingen, wenn Sie folgende Fragen über Zusammensetzung, Wesen und Stimmung Ihres Publikums beantworten können:

- Was erwarten Ihre Zuhörer?

- Was wollen sie wissen?

- Sind sie aus eigenem Entschluß zu der Veranstaltung gekommen oder absolvieren sie eine Pflichtübung?

- Wieviel Leute werden zuhören?

- Wie ist das Durchschnittsalter und wie ist die Verteilung von Frauen und Männern in der Gruppe?

- Wie sind die kulturellen und religiösen Hintergründe beschaffen?

- Sprechen Ihre Zuhörer einen Dialekt?

- Sind Meinungsführer oder Entscheidungsträger anwesend? Wenn ja, wer sind sie? Wo werden sie sitzen?

- Wie schätzen Sie die Stimmung Ihres Publikums ein? Energiegeladen, begeistert, entspannt, müde, gereizt oder feindselig?

- Welche Aktivitäten sind vor oder nach Ihrem Vortrag geplant? Andere Redebeiträge, Cocktails, Mahlzeiten?

- Zusammenfassend: Mit welchen Erwartungen oder Vorurteilen sind die Gehirne der Zuhörer beschäftigt?

Sie werden mit großer Wahrscheinlichkeit eine gut funktionierende Beziehung zu Ihrem Publikum herstellen können, wenn Sie die Antworten auf diese Fragen bei der Vorbereitung Ihres Vortrags berücksichtigen. Ein gutes Verhältnis zu den Zuhörern schafft den wesentlichen Rahmen für erfolgreiche Kommunikation.

Informationen beschaffen

Um die oben beschriebenen Fragen zu beantworten, nutzen Sie vor Ihrem Vortrag jede Gelegenheit, um Informationen über Ihre Zuhörer zu sammeln. Hier einige Beispiele, wie Sie Informationen erhalten können.

Fragen Sie zuerst die Person, die Sie gebeten hat, den Vortrag zu halten. Viele Menschen vermeiden es, Fragen zu stellen, aus Angst als zu neugierig oder unhöflich zu gelten. Genau das Gegenteil aber ist der Fall. Die Erfahrung zeigt, daß Ihre Sorgsamkeit und Ihr Interesse sehr geschätzt werden.

Als nächstes sollten Sie mit jemandem sprechen, der die Gruppe kennt. Besonders wertvoll ist ein Erfahrungsaustausch mit jemandem, der schon einmal eine Rede vor dieser Gruppe gehalten hat.

Lesen Sie alles, was Ihnen nützliche Informationen über Ihre Zuhörer vermitteln kann, z. B. Jahresberichte, Firmenpublikationen, Artikel aus Zeitungen und Magazinen.

Eine meiner bevorzugten Techniken ist es, frühzeitig anwesend zu sein und informelle Kontakte mit Teilnehmern herzustellen. In einer freundlichen Unterhaltung erfahre ich oft viel über Stimmungslage und Erwartungen der Gruppe. Dadurch kann ich versteckte Probleme entdecken, und die aktuellen Bedürfnisse der Zuhörer im Vortrag berücksichtigen. Einmal hatte man 20 Minuten vor Beginn eines zweitägigen Seminars einem Drittel der Zuhörer eröffnet, daß ihnen die Kündigung oder Versetzung in einen anderen Bereich der Firmengruppe drohte. Ich änderte meinen ursprünglichen Entwurf mit Hilfe eines schnellen Mind Maps entsprechend ab und machte das Beste aus einer an sich katastrophalen Situation.

Ein anderes Mal bereitete ich einen Vortrag für einen Kunden vor, mit dem ich seit über sieben Jahren nicht mehr gearbeitet hatte. Diese Rede sollte am Ende der Konferenz vor 500 Geschäftsführern aus aller Welt gehalten werden.

Trotz der Gespräche mit meinen Auftraggebern wollte es mir nicht recht gelingen, einen Schwerpunkt für meine Rede zu finden und andere Quellen waren nicht verfügbar. So gestaltete ich den Vortrag auf der Basis des Kenntnisstands, den ich vor sieben Jahren über die Gruppe hatte und beschloß gleichzeitig, den Konferenzort schon einen Abend vorher aufzusuchen, um Informationen von Teilnehmern zu erhalten. Dabei stellte ich fest, daß sich die Gruppe immens verändert hatte und deshalb der Redeschwerpunkt meines Vortrags völlig unangebracht war. Ich erstellte einen neuen Entwurf und sprach bei Redebeginn über die Veränderungen, die ich innerhalb der Gruppe bemerkt hatte. Die Zuhörer fühlten sich sofort angesprochen, und diese direkte Kontaktaufnahme war die Grundlage für den Erfolg des Vortrags.

Gleichgültig, ob Sie ein Seminar mit 500 Teilnehmern leiten oder bei einem Elternabend in der Schule referieren, es ist immer wichtig, sein Publikum zu kennen und seine Bedürfnisse in den Mittelpunkt zu stellen. Es geht nicht um Sie – es geht um sie.

Ziel und Zweck des Vortrags

Nachdem Sie sich einen Eindruck vom Publikum verschafft haben, müssen Sie sich Gedanken über die Auswirkungen Ihrer Darstellungen machen. Was sollten die Zuhörer im Anschluß an den Vortrag wissen, und was sollten sie konkret unternehmen?

Sich ein klares Ziel zu setzen, scheint eigentlich selbstverständlich zu sein und geschieht doch äußerst selten. Allzu häufig erfolgt die Annäherung an ein Thema mit diffusen Vorstellungen. Die Unfähigkeit, sich klare Ziele zu setzen, ist ein Zeichen von Mittelmäßigkeit. Eine bewußte Zielsetzung ist der Schlüssel für eine gelungene, professionelle Darstellung.

Verschaffen Sie sich Klarheit über Ihre Zielvorstellungen mit Hilfe der Mind Mapping Methode. Dann formulieren Sie diese Ziele in ganzen Sätzen. Dadurch werden die einzelnen Punkte klarer und differenzierter. Für eine Verkaufspräsentation z. B. würde sich folgendes anbieten: „Am Ende meines Vortrags wissen die Zuhörer die drei

Hauptgründe, warum mein Produkt den Konkurrenzerzeugnissen überlegen ist, und kaufen es."

Ein Lehrer könnte schreiben: „Am Ende des Unterrichts wissen meine Schüler die sieben Hauptursachen der französischen Revolution. Damit sind sie in der Lage, sich bei der Klassenarbeit nächste Woche selbst zu übertreffen."

Was das Publikum so alles versteht ...

Bei der Festsetzung der Redeziele hilft häufig folgende Vorstellung: Jeder Teilnehmer wird direkt nach dem Vortrag von Reportern interviewt. Es dürften Fragen auftauchen wie: „Was haben Sie bei diesem Vortrag in Erfahrung gebracht?", oder: „Was werden Sie aufgrund dieses Vortrags in Zukunft anders machen?" Nun stellen Sie sich vor, wie die Zuhörer mit Ihren Redezielen antworten. Auf diese Weise läßt sich klar herausarbeiten, was später „von Gehirn zu Gehirn" weitergegeben werden soll.

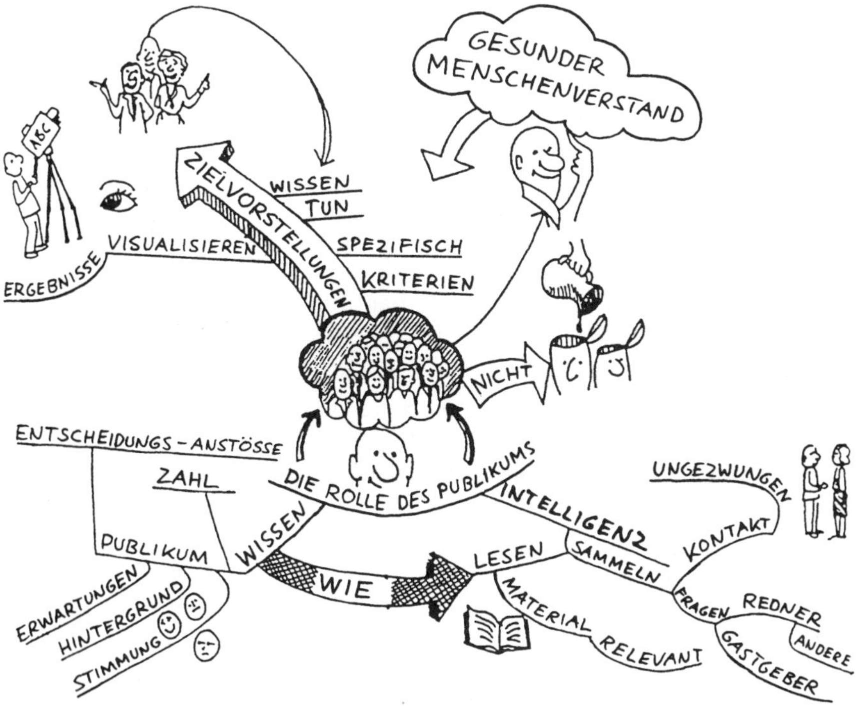

Mind Map des 3. Kapitels

Zusammenfassung

In diesem Kapitel hatte ich Ihnen gezeigt, wie außerordentlich wichtig es ist, sein Publikum zu kennen und diese Kenntnisse auch im Vortrag anzuwenden. Außerdem habe ich erläutert, daß es notwendig ist, sich klare Ziele zu setzen, was die Zuhörer aus dem Vortrag lernen und in die Tat umsetzen sollen.

Denken Sie immer daran, daß der Erfolg eines Vortrags allein aus der Warte des Zuhörers beurteilt wird. Es zählt nur, was das Publikum wirklich im Gedächtnis behält.

Im nächsten Kapitel führe ich diesen Gedanken noch weiter aus und zeige Ihnen, wie sich Zuhörer erinnern. Indem Sie ein besseres Verständnis für die Reaktionsweise der Zuhörer (und die Arbeitsweise ihrer Gehirne) entwickeln, erreichen Sie mit Sicherheit das Hauptziel eines Vortrags, daß Ihre Rede den Zuhörern im Gedächtnis bleibt.

4

Gedächtnistraining

Etwas zu verstehen heißt noch lange nicht, daß man es auch im Gedächtnis behält.

Tony Buzan

Wenn Sie zum ersten Mal mittels Mind Mapping einen Vortrag vorbereiten, empfinden Sie vielleicht eine gewisse Aufregung, ein Gefühl, daß Ihr Auftritt diesmal besser wird als je zuvor.

Er wird auch besser!

Der eigentliche Erfolg wird jedoch darin liegen, daß sich Ihre Zuhörer noch lange an den Inhalt Ihres Vortrages erinnern. Jetzt geht es darum, die Funktionsweise des Gedächtnisses Ihrer Zuhörer bei Vorbereitung und Durchführung eines Vortrages zu berücksichtigen.

Versuchen Sie bitte als nächstes folgende Übung. Lesen Sie die unten angeführten 40 Wörter, und zwar nur einmal von links nach rechts, doch ohne länger bei einem bestimmten Wort zu verweilen. Lesen Sie sich ein Wort nach dem anderen vor und nehmen Sie sich höchstens eine Minute Zeit für die ganze Übung.

Die 40-Wörter-Gedächtnisübung

Auto – Deck – Tisch – Baum – Schnee – Flasche – Geld – Hund – Pol – Sand – Himmel – Hund – Pflanze – Buch – Seife – Löffel – Musik – Pflanze – Teppich – Groucho Marx – Pflanze – Keller – Tor – Kissen – Hund – Vortragsfähigkeit – Kofferraum – Papier – Straße – Messer – Stuhl – Heu – Lächeln – Bindfaden – Pflanze – Rad – Luft – Experte – Regen – Vogel

Schreiben Sie jetzt alle Wörter auf, die in Ihrem Gedächtnis haften geblieben sind. Warum haben Sie sich gerade an diese Wörter erinnert und nicht an andere?

Die Übung macht die Funktionsweise des Gedächtnisses während einer Lernperiode deutlich. Die meisten werden sich wahrscheinlich eher an die ersten und letzten Wörter erinnert haben als an den Mittelteil; also „Auto – Deck – Tisch“ und „Luft – Experte – Vogel“. Im Gedächtnis haften bleiben auch häufig *Wiederholungen* wie „Pflanze“ und „Hund“, *außergewöhnliche* Wörter (Groucho Marx) und Wörter mit persönlicher Bedeutung – hier natürlich „Vortragsfähigkeit“.

Das Gedächtnis der Zuhörer

Im Zusammenhang damit geht aus Untersuchungen hervor, daß Zuhörer eines Vortrags sich an bestimmte Teile lebhafter erinnern als an andere.[1]

Vor allem Redeanfang (Vorrangigkeits-Effekt) und Redeabschluß (Neuigkeits-Effekt) werden von den Gehirnen der Zuhörer am besten erfaßt, außerdem alle *mehrmals* wiederholten Elemente sowie solche, die *ausgefallen* klingen oder einen *persönlichen* Bezug herstellen.

Wie können Sie Ihrem Publikum dabei helfen, Ihren Vortrag im Gedächtnis zu behalten? Ganz einfach, indem Sie beim Aufbau des Vortrags Erkenntnisse über die Abrufmechanismen des Gehirns berücksichtigen.

Fünf Schlüssel zum Informationsabruf

Bei der Ausführung Ihres Vortrags sollten Sie folgende Punkte berücksichtigen:

1. *Beginnen Sie schwungvoll!* Stellen Sie die Hauptpunkte bereits am Anfang Ihres Vortrags heraus.
2. *Bringen Sie regelmäßig Wiederholungen!* Geben Sie zwischendurch einen Überblick über Ihre Hauptpunkte.
3. *Betonen Sie auf ungewöhnliche Art!* Veranschaulichen Sie die Hauptpunkte auf humorvolle, herausragende oder ungewöhnliche Weise.
4. *Fördern Sie die Beteiligung der Zuhörer!* Bieten Sie viele Gelegenheiten, sich in Ihren Vortrag einzubringen.
5. *Setzen Sie einen deutlichen Schluß!* Unterstreichen Sie gegen Ende nochmals die wesentlichen Punkte – und hören Sie mit einem Paukenschlag auf!

Im folgenden werden diese Ideen noch genauer ausgeführt.

1. Beginnen Sie schwungvoll! Beim Vorrangigkeits-Effekt gibt es zwei zentrale Grundgedanken zu beachten. Der erste lautet: *Nehmen Sie Kontakt zu Ihren Zuhörern auf,* und zwar während Sie das Publikum auf die Zielvorstellung Ihres Vortrags einstimmen. Stellen Sie deutlich heraus, was Sie den Zuhörern vermitteln wollen. Der *Wunsch nach Kommunikation* mit den Zuhörern ist der Schlüssel, um Kontakt mit ihnen herzustellen. Genau diese Einstellung müssen Sie ausstrahlen; sie wird ablesbar sein an Ihren Augen, Bewegungen und Ihrer Haltung. Einstellung und Ausstrahlung sind wichtiger als alle Gags, um das Eis zu brechen. Es gibt eine Menge sinnvoller Möglichkeiten, die Dinge ins Rollen zu bringen. Zu Beginn können Sie Ihrem Publikum eine wirkliche oder rhetorische Frage stellen, einen Witz oder eine Geschichte erzählen, eine Diskussion anfachen, eine Übung oder einen Wettbewerb anbieten, audiovisuelle Techniken einsetzen oder sogar einen Sketch aufführen.

Ich empfehle Ihnen „eingefahrene" Vortragseröffnungen zu vermeiden. Benutzen Sie Ihre Kreativität dazu, eigene Wege zu finden. Gleichgültig, wie Sie das Eis brechen, es muß zum Inhalt Bezug haben, damit sich die Zuhörer daran erinnern. Wenn ich zum Beispiel einen Vortrag mit dem Thema „Bleibenden Eindruck hinterlassen" halte, könnte ich die 40-Wörter-Gedächtnisübung als „Eisbrecher" verwenden.

Der zweite wichtige Punkt lautet: *Verschaffen Sie den Zuhörern einen Überblick.* Untersuchungen ergaben positive Reaktionen beim Publikum, wenn man ihm eine Vorstellung von der „Gestalt" des Vortrags gab.[2] Der sprichwörtliche Rat des Predigers: „Sag den Leuten, was du ihnen sagen wirst", hat durchaus seine Berechtigung. Die Leute sollen wissen, wohin sie geführt werden und wie es erreicht werden soll. In meinem Vortrag „Bleibenden Eindruck hinterlassen" könnte ich nach dem Einstieg mit der 40-Wörter-Gedächtnisübung folgendermaßen fortfahren: „In der folgenden Stunde zeige ich Ihnen, wie Sie zukünftig aus *jedem* Ihrer Vorträge ein unvergeßliches Erlebnis machen können. Der Schlüssel dazu ist das Verstehen, wie das Gedächtnis der Zuhörer arbeitet. Nach dem Vortrag werden Sie die fünf wichtigsten Regeln, nach denen Sie vorgehen müssen kennen. Diese fünf Regeln ..."

2. Bringen Sie regelmäßig Wiederholungen! Wie Sie in der 40-Wörter-Gedächtnisübung zuvor anhand der Begriffe „Pflanze" und „Hund" gesehen haben, wird die Gedächtnisleistung durch Wiederholungen erhöht. Kommerzielle Werbung verfolgt alle hier erwähnten Prinzipien oft bis ins Extreme, indem sie unaufhörlich Produktnamen und Slogans wiederholt. Es geht mir nicht darum, daß Sie die Praktiken kommerzieller Werbung imitieren, sondern es geht mir um die Nutzung wirkungsvoller Strategien. Dr. Martin Luther King, eines meiner großen Vorbilder, verfolgte eine solche Strategie, indem er durch die rhythmische Wiederholung der inspirierenden Aussage „I have a dream" der gesamten Nation ins Gewissen redete.

3. Betonen Sie auf ungewöhnliche Art! Betonen Sie wichtige Punkte auffallend und unkonventionell. Die Gehirne der Zuhörer suchen Stimulation und Unterhaltung und reagieren deshalb eher auf ungewöhnliche und humorvolle Darstellungen. Die Zuhörer erinnern sich dann besser an die wichtigen Punkte und greifen sie wieder auf.

Ein klassisches Beispiel dafür gab Nikita Chruschtschow, der damals Generalsekretär der KPdSU war. Während einer Rede vor den Vereinten Nationen akzentuierte er seine an die US-Regierung gerichtete Warnung „Wir werden Euch begraben", indem er mit dem Schuh aufs Podium schlug. Am nächsten Tag stand weltweit auf allen Zeitungen die Schlagzeile „Wir begraben Euch", gefolgt von Berichten mit ausführlichen Zitaten aus Chruschtschows Rede.

Tatsächlich hatte Chruschtschow natürlich seine Schuhe anbehalten. Seine Handlung war ja nicht die eines Verrückten. Er lieh sich einfach einen Schuh aus, um seinen Hauptpunkt deutlich zu unterstreichen.

Das heißt nicht, daß man jedesmal eine Privatvorstellung seiner schauspielerischen Fähigkeiten zum besten geben sollte; ein wenig Phantasie reicht oft aus, um sein Hauptanliegen im Gedächtnis der Zuhörer zu verankern.

Dafür ein Beispiel: Einer der wirkungsvollsten Vorträge, von dem ich einmal hörte, fand in einer großen Chemiefabrik statt. Um seinen Zuhörern die Harmlosigkeit eines Produkts zu veranschaulichen, nahm ein Chemiker mitten im Vortrag einen Löffel und fing an, davon zu essen. Diese Vorstellung hinterließ einen so nachhaltigen Eindruck, daß noch Jahre später davon gesprochen wurde.

Sie müssen nicht unbedingt mit Schuhen aufs Rednerpult schlagen oder Chemikalien hinunterwürgen, um Menschen zu beeindrucken. Die Gedächtnisleistung des Publikums läßt sich am besten beeinflussen, wenn Sie innerhalb Ihrer eigenen Grenzen authentisch und überzeugt Ihre Meinung darlegen.

Benutzen Sie Haltung, Gesten, Blickkontakte und Stimme, um Ihre „Mitteilungen" zu „transportieren" (siehe auch Kapitel 8, Körpersprache). Alles kann eingesetzt werden, *solange es mit dem Thema in Verbindung steht:* Videofilme, Geschichten, Sketche, Witze, Vergleiche und vieles mehr. Erlaubt ist alles, was die Aufmerksamkeit des Publikums fesselt.

Und vergessen Sie nicht die Erkenntnisse aus Kapitel 2: Humor, Betonung und Farbe aktivieren das „ganze Gehirn" der Zuhörer.

4. Fördern Sie die Beteiligung der Zuhörer! Erstellen Sie ein Mind Map für alle Möglichkeiten, Ihr Publikum an Ihrem Vortrag zu beteiligen. Dadurch wird auch die eigene Auseinandersetzung mit diesem Thema gefördert.

Wenn Ihre Zuhörer durch Ihren Vortrag eigene Assoziationen entwickeln, dann werden sie ihn lebhaft in Erinnerung behalten. Persönliche Assoziationen lassen sich durch Diskussionen, Übungen, rhetorische oder wirkliche Fragen herstellen. Wußten Sie schon, daß rhetorische Fragen ans Publikum den Aufmerksamkeitsgrad in beträchtlichem Maß erhöhen?[3]

Wenn Sie Ihren Vortrag so aufbauen, daß das Publikum die Schlüsselpunkte selbst herausfinden kann, fühlen sich Ihre Zuhörer noch mehr einbezogen und werden sich noch besser an Ihren Vortrag erinnern. Übrigens: Edukation, Erziehung, stammt von dem lateinischen Verb „educare", was soviel heißt wie „herausziehen", und nicht „hineinstopfen". „Ziehen" Sie also Ihr Publikum so oft wie möglich „heraus"!

Ich sehe einen Vortrag als Gelegenheit, einen Rahmen zu schaffen, in dem die Zuhörer von selbst auf die Inhalte stoßen, die ich ihnen vermitteln will. Meine Rolle als Redner ist es, diesen Prozeß zu vereinfachen, die gemachten Entdeckungen zu bestätigen und deutlicher herauszuarbeiten.

Resonanz und Beteiligung beim Publikum zu erreichen, gelingt am besten, wenn man „die Sprache des Publikums spricht" (Siehe auch in Kapitel 3 „Es geht nicht um Sie – es geht um sie").

Ein Paradebeispiel dafür lieferte John F. Kennedy in seiner berühmten Rede vor dem Rathaus Schöneberg in Berlin. Kennedy's Rede gipfelte in dem von ihm deutsch gesprochenen Satz „Ich bin ein Berliner". Er gewann die Herzen seiner Zuhörer, indem er im buchstäblichen und übertragenen Sinn „ihre" Sprache sprach.

5. Setzen Sie einen deutlichen Schluß! Die besten Theaterstücke, Kinos, Konzerte und Romane enden immer klar und eindrucksvoll. Zum Ende eines Vortrags ist die Aufnahmefähigkeit des Publikums immer hoch, auch wenn niemand weiß, daß er zu Ende geht. Um den Neuigkeits-Effekt auszunutzen, sollten Sie die Hauptpunkte am Vortragsende noch einmal wiederholen. Mit Ihrem Vortrag wollten Sie erreichen, daß die Zuhörer bestimmte Dinge erfahren und danach handeln; nun ist letzte Gelegenheit, *Ihr zentrales Anliegen dem Publikum noch einmal deutlich vor Augen zu führen.* Wie lautete doch der Rat des Predigers? „Sag den Leuten, was du ihnen gesagt hast." Also, geben Sie zum Schluß noch einmal eine klare Übersicht über die wichtigsten Punkte (wer zur Veranschaulichung ein Bild oder eine Zeichnung benutzt hat, kann sie hier wieder ins Spiel bringen); falls es zum Thema paßt, können Sie am Schluß die Leute auch auffordern, selbst aktiv zu werden (Sie wollen sie ja zum Handeln bewegen!). So sollte Ihr Vortrag zu Ende gehen – mit einem letzten „Paukenschlag"!

Zeitplan und Pausen

Drei weitere Punkte bei der Informationsweitergabe in puncto Gedächtnisleistung sind zu berücksichtigen: erstens pünktlich beginnen, zweitens angemessene Pausen einlegen und drittens pünktlich aufhören. Das scheint selbstverständlich zu sein, doch die Erfahrung beweist oft das Gegenteil. Da sie Bestandteil professioneller Redekunst sind, werden wir sie jetzt eingehender untersuchen.

Beginnen Sie pünktlich! Wie wir jetzt wissen, prägen sich die ersten Eindrücke am besten ein. Sie werden immer Minuspunkte sammeln, wenn Sie nicht rechtzeitig am Rednerpult erscheinen. Zuspätkommen ist die denkbar schlechteste Voraussetzung für einen guten Vortrag. Stellen Sie sich also auf einen rechtzeitigen Beginn ein.

Tatsächlich fangen viele Vorträge nicht pünktlich an, weil die meisten Organisatoren Unpünktlichkeit tolerieren. Dennoch sollten Sie selbst niemals der Anlaß zur Verspätung sein. Sehr häufig wird allerdings von den gleichen Verantwortlichen betont, daß Sie Ihre Rede pünktlich beenden müssen. Es kann fatale Auswirkungen auf Ihren Vortrag haben, wenn Ihnen plötzlich die Zeit davonläuft. Deshalb: Planen Sie mit ein wenig Spielraum.

Gönnen Sie sich und den Zuhörern eine Pause! In den letzten Jahren habe ich tausende von Vorträgen und Seminaren gehalten, die zwischen 20 Minuten und 5 Tagen dauerten. Am Ende stellten die Teilnehmer im allgemeinen fest, daß sie mehr als in anderen vergleichbaren Seminaren gelernt hatten und außerdem mehr Energie besaßen als zu Beginn des Seminars. Diese erfreulichen Ergebnisse rechne ich der Tatsache zu, daß ich mir und meinen Zuhörern immer genügend Pausen gegönnt habe. Und noch etwas: Machen Sie Pausen, *bevor* die Zuhörer müde sind!

Häufig dauern Vorträge 75, 90, 120 Minuten und länger. Die Zuhörer warten oft sehnlichst auf eine Pause. Man merkt es daran, daß sie sich räuspern, unruhig auf den Stühlen hin und herrutschen, sich die Nase reiben oder am Ohr kratzen. Wenn dann endlich die Pause beginnt, stürzen die Zuhörer zur Tür – der Neuigkeitseffekt heißt: „Laß mich bloß raus hier".

Die Zehn-Minuten-Pause

Redner, die ihre Zuhörer in dieser Weise strapazieren, rechtfertigen ihre Abneigung gegen Pausen damit, daß es so schwierig sei, die Zuhörer wieder zurückzubringen. (Natürlich wollen sie nicht zurückkommen, da sie nicht wissen, wann sie in die nächste Pause entlassen werden). Dadurch wird ein negativer Kreislauf aufrechterhalten.

Gönnen Sie den Zuhörern eine Pause, bevor sie erschöpft sind. Dafür bietet sich ein Vortragshöhepunkt an, damit das Publikum auf die Fortsetzung neugierig ist. Entlassen Sie das Publikum mit dem positiven Neuigkeits-Effekt „Was kommt als nächstes?" in die Pause, anstatt mit Fluchtgedanken wie „Laß mich bloß raus hier".

Pausen sind nicht nur wichtig, um Energie und Aufmerksamkeit der Zuhörer aufrecht zu erhalten; sie bringen auch ein Maximum an Gedächtnisleistung. Untersuchungen bestätigen in überzeugender Weise, daß ein über 50 Minuten dauernder Vortrag das Erinnerungsvermögen des Publikums drastisch verringert, auch wenn der Inhalt gut verstanden wurde. Verstehen ist nicht gleichbedeutend mit behalten können.[4]

Gleichzeitig zeigte sich, daß zehn Minuten Pause nach einem 50minütigen Vortrag die Gedächtnisleistung der Zuhörer verbessert.[5] Durch angemessene Pausen erhält das Gehirn die Möglichkeit, den Vortragsinhalt zu verarbeiten und zu integrieren. Abhängig von Tageszeit und Inhaltsniveau lege ich alle 30 bis 60 Minuten Pausen ein – angefangen von 30 Sekunden dauernden Entspannungsübungen bis zu 10minütigen Kaffeepausen.

Eine vernünftige Regel für längere Vorträge ist, 10 Minuten Pause pro Vortragsstunde einzulegen. Widerstehen Sie der Versuchung, über 60 Minuten hinaus zu referieren, auch wenn anscheinend alles gut läuft. Seinen Zuhörern die nötigen und angemessenen Pausen zu gönnen, ist eine Kunst. Sie entwickelt sich aus der Sensibilität seinen Zuhörern gegenüber. Der entscheidende Punkt ist der, daß Pausen zu den wesentlichen Teilen eines Vortrags gehören.

Da die meisten Vorträge von den Zuhörern höchste Aufmerksamkeit abverlangen, sollten Pausen der Entspannung dienen. Ermutigen Sie Ihre Zuhörer, Streckübungen zu machen, auf und ab zu gehen oder, wenn möglich, frische Luft zu schnappen. Für Entspannung sorgt auch Musik während der Pausen. Solche Aktivitäten bringen Abwechslung, lockern die Atmosphäre und bauen sowohl Sie als auch Ihre Zuhörer wieder auf.

Regelmäßige Pausen bieten mehr Gelegenheiten, Vorrangigkeits- und Neuigkeits-Effekte auszunutzen. Alles was Sie sagen, erlangt besonderes Gewicht und ist deshalb leicht zu merken.

Hören Sie pünktlich auf! Überziehen Sie nie die vorgesehene Redezeit. Es gibt kaum eine bessere Methode, einen sonst erfolgreichen Vortrag zu verderben. Auch wenn das Publikum eine Fortsetzung wünscht – widerstehen Sie der Versuchung! Falls nötig, können Sie ja noch zur Beantwortung von Fragen zur Verfügung stehen. Es ist immer besser, bei den Zuhörern den Wunsch nach „mehr“ zu hinterlassen.

Geben Sie vor Redebeginn den Zeitpunkt des Vortragsendes bekannt. Stellen Sie sich dabei vor, er sei vertraglich mit dem Publikum vereinbart worden. Um diese Vereinbarung möglichst nicht zu brechen, nehmen Sie eine Uhr zuhilfe.

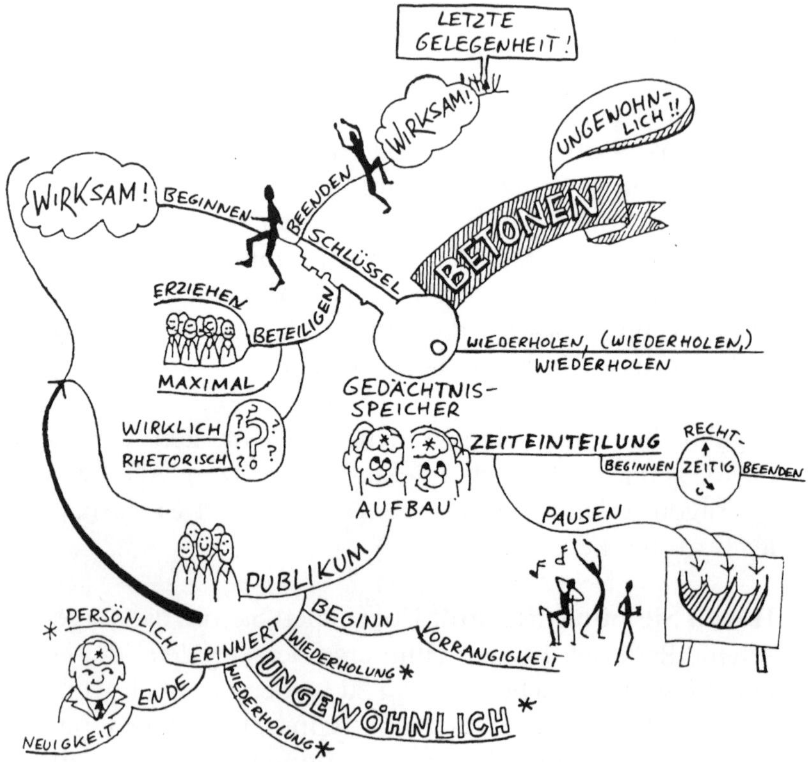

Mind Map des 4. Kapitels

Zusammenfassung

Können Sie sich an die fünf Punkte zur Verbesserung des Erinnerungsvermögens der Zuhörer erinnern, ohne nachzublättern? Wie steht es mit den drei wesentlichen Punkten bezüglich des Zeitablaufs? Diese Informationen sind äußerst wichtig und Sie sollten sie nicht vergessen.

Wenn Ihr Vortrag herausragend und unvergeßlich sein soll, müssen Sie sich an folgenden Kriterien orientieren:

- schwungvoller Beginn
- regelmäßige Wiederholungen
- ungewöhnliche Betonungen
- Beteiligung der Zuhörer fördern
- mit einem „Paukenschlag" enden
- angemessene Pausen einlegen
- pünktlich beginnen und aufhören

In diesem Kapitel wurden die zentralen Punkte für die Verbesserung der Gedächtnisleistung der Zuhörer vorgestellt. Im nächsten Kapitel werden wir uns mit den Methoden zur Steigerung Ihrer eigenen Gedächtnisleistung befassen, damit Sie den Vortragsinhalt souverän und meisterhaft präsentieren können.

5

Übung macht den Meister

Übung allein macht nicht den Meister; allein perfekte Übung macht den Meister.

Vince Lombardi

Meisterhaft vorgetragen bedeutet immer, den Redeinhalt sicher im Gedächtnis zu haben. Meisterschaft erlangt man jedoch nur durch Üben und Ausprobieren.

Schauspieler, Musiker und Athleten proben immer regelmäßig. Ihre anspruchsvolle Arbeit vereinnahmt sie vollständig. Sie alle wissen, daß eine perfekte Darstellung ohne Proben nicht erreicht werden kann. Die vier vorangegangenen Kapitel zeigten, daß sicheres und qualifiziertes Auftreten nur durch anspruchsvolle Arbeit gewährleistet werden kann. Deshalb ist es so ungeheuer wichtig, das Auftreten zu proben. Darüber hinaus muß die Probe selbst ein gewisses Niveau erreichen, damit sie ein Maximum an Gewinn bringen kann.

Meister-Übungen

Wie können Sie effektiv trainieren, um Ihr Gehirn zu großen Leistungen zu befähigen?

Am wichtigsten ist, von Anfang an positiv über die Vortragstätigkeit zu denken. Die meisten Menschen reagieren nämlich – bewußt oder unbewußt – negativ auf den Vorschlag, einen Vortrag zu halten. Mit anderen Worten: Sie machen sich Sorgen und programmieren dadurch ihr Gehirn auf Mißerfolg.

Statt dessen sollten Sie Ihr Gehirn auf Erfolg programmieren. Schon von dem Moment an, in dem Sie erfahren, daß Sie einen Vortrag halten müssen, sollten Sie sich vorstellen, daß Sie ihn meisterhaft vermitteln werden. Visualisieren Sie den Vortragsort so deutlich wie möglich. Stellen Sie sich vor, Sie seien entspannt, vertrauensvoll, ruhig und selbstsicher, würden auf leichte, fließende Art und Weise sprechen und sich bewegen. Schließlich entwerfen Sie vor Ihrem inneren Auge ein engagiertes Publikum, das voll an Ihrem Vortrag beteiligt ist und mitgeht.

Diese positiven Bilder sollten Sie auch während des Vortrags aufrechterhalten und ständig verstärken.

Positive und bewußte Visualisierung ist das Geheimnis des Erfolgs von Darstellungskünstlern aller Berufssparten. Athleten, Schauspieler, Sänger, Musiker, Tänzer und Redner, sie alle benutzen diese hochwirksame Technik.

Gedanken haben eine sofortige und tiefgreifende Wirkung auf die Spannungszustände der Muskulatur und die Übertragungsqualität der Nervenimpulse. Untersuchungen zufolge funktioniert das Nervensystem optimal, wenn das Gehirn mit positiven Bildern „versorgt“ wird. Durch die regelmäßige Anwendung von positiver Visualisierung kann die Selbstdarstellung bedeutend verbessert werden.[1]

Visualisierung erfolgreich anwenden

Versuchen Sie es selbst – jeder kann positive Gedanken visualisieren. Damit Sie Vertrauen in Ihre vorhandene Fähigkeit, eigene Bilder zu erschaffen, entwickeln können, versuchen Sie einmal folgende Übung: Beschreiben Sie einen Tennisball, einen Eisbecher, einen Tiger, einen schönen Strand, sich selbst. Sehen Sie, Sie können es! Diese Bilder sind, wie Milliarden anderer Bilder persönlich erlebter Dinge, im Hinterhauptlappen des Gehirns gespeichert. Dieser Teil Ihres Gehirns verfügt über das Potential, viele neue Eindrücke zu speichern und gleichzeitig unendlich viele neue Bilder zu erschaffen, in jedem Moment.

Fünf Punkte müssen Sie bei der Visualisierung beachten:

1. Orientieren Sie sich an Vorbildern.
2. Entspannen Sie sich.
3. Gebrauchen Sie vielfache Sinneseindrücke.
4. Denken Sie positiv.
5. Üben Sie.

UNVERGESSLICH
!!!
WIRKLICH
DENKWÜRDIG
!!!
BRAVO
!!

Wie lassen sich diese fünf Punkte bei der Vorbereitung von Vorträgen einsetzen?

1. Orientierung an Vorbildern. Suchen Sie sich Redner aus, die Sie als vorbildlich empfinden. Vorbilder liefern reichlich Material für bewußte Visualisierung. Für mich waren das Martin Luther King, Winston Churchill und in seinen Anfängen Muhammad Ali. Finden Sie Ihre eigenen Vorbilder und nutzen Sie jede Gelegenheit, von solchen Meistern der Selbstdarstellung und Redekunst zu lernen.

2. Entspannung. Untersuchungen haben gezeigt, daß Visualisierungs-Übungen einen besseren Erfolg haben, wenn sie in entspanntem Zustand praktiziert werden.[2] Ihre Visualisierungen haben dann eine tiefere Wirkung. Deshalb ist es ratsam, eine kurze Entspannungsphase vorangehen zu lassen.[3] Ich selbst nutze die Zeit nach dem Aufwachen bzw. vor dem Einschlafen, um zu visualisieren.

3. Gebrauch vielfacher Sinneseindrücke. Gebrauchen Sie alle Ihre Sinne für die Visualisierung eines eindrucksvollen Vortrags; stellen Sie sich das Gefühl der Füße auf dem Boden, der Anblick der Zuhörer, die Geräusche im Saal usw. vor. Je lebendiger Ihre Vorstellung ist, desto nachhaltiger ist auch das Ergebnis.

4. Positive Gedanken. Stellen Sie sich vor, wie Sie ruhig, selbstsicher und eindrucksvoll, gelassen, zuversichtlich Ihren Vortrag präsentieren. Visualisieren Sie sich als Redner, der von Mal zu Mal besser wird. Wissenschaftliche Untersuchungen bestätigen die Kraft der Gedanken bei positiver Visualisierung. Aufbauende Gedanken beleben neuromuskuläre Funktionen, die wiederum für die Ausübung der Redetätigkeit verantwortlich sind.[4] Die Vorstellung, etwas gut zu machen, programmiert das Gehirn auf Erfolg.

5. Übung. Verstärken Sie regelmäßig die Vorstellung Ihrer eigenen Perfektion. Indem Sie Ihre Visualisierungen verfeinern, werden Sie kontinuierlich besser und besser.

Visualisierungen sind am wirksamsten in Verbindung mit herkömmlichen Übungsmethoden. Das Üben selbst wird effektiver, wenn Ihnen der Redeinhalt präsent ist. Bevor ich Ihnen nun einige einfache Übungsmethoden erläutere, möchte ich Ihnen eine wirkungsvolle Technik der Gedächtnissteigerung vorstellen.

Mind Mapping zur besseren Erinnerung

Gegen Vortragsnotizen ist prinzipiell nichts einzuwenden, doch vorteilhafter ist es, ohne sie auszukommen. Freies Referieren ermöglicht immer eine bessere Selbstdarstellung. Mit einem Mind Map sind Sie stets einen Schritt voraus.

Die bei der Mind Mapping Methode verwendeten Elemente Metaphorik, Farben und Schlüsselworte helfen dem Gehirn, sich das Modell einzuprägen. Nach ein wenig Übung werden Sie sogar feststellen, daß es beinahe unmöglich ist, ein Mind Map zu vergessen.

Beginnen Sie, indem Sie ein klar verständliches und lebendiges Mind Map anfertigen. Nehmen Sie dann ein neues Blatt und zeichnen Sie es frei aus dem Gedächtnis nach. Beim anschließenden Vergleich mit dem Original ergänzen Sie die noch fehlenden Punkte. Nach dem zweiten bis dritten Mal deckt sich die Erinnerung meistens mit dem Original. Eine weitere Möglichkeit besteht darin, das Mind Map an der Wand zu befestigen und in Gedanken neu entstehen zu lassen. Auch hier wieder im Anschluß der Vergleich mit dem Original. Zwei bis drei Wiederholungen sollten ausreichen, um Übereinstimmung zu erzielen und das Mind Map fest im Gedächtnis verankert zu haben.

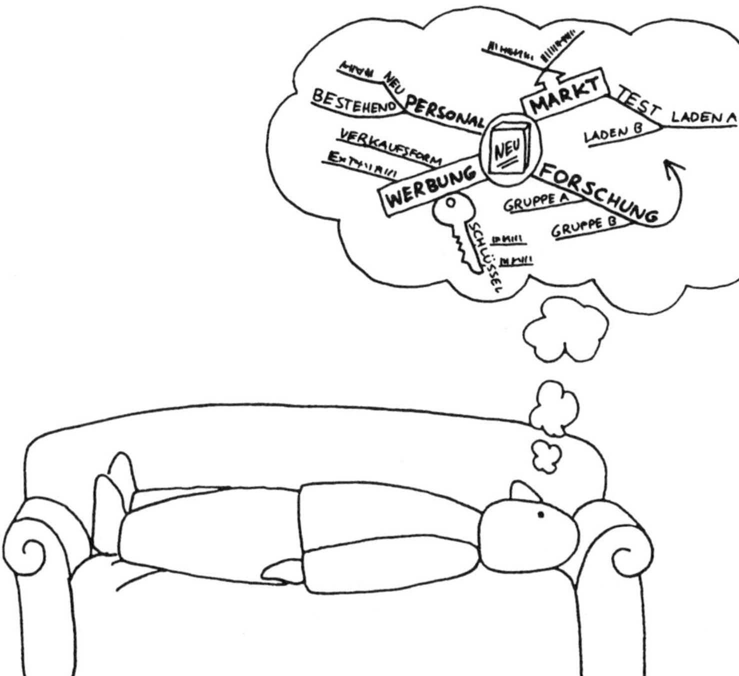

Übungsmethoden zum Gedächtnistraining

Zusätzlich zur Mind Map Methode gibt es viele andere wertvolle Übungsmöglichkeiten, und jede wird zu einer besseren Darstellung beitragen. Nachstehend einige Methoden, von denen Sie sich die für Sie jeweils beste auswählen können.

- Halten Sie Ihren Vortrag laut für sich selber. Gewöhnen Sie sich an den Rhythmus, den Zeitablauf und die Stimmung Ihres Vortrags.

- Nehmen Sie die Rede auf Tonband auf. Achten Sie beim Abhören auf die Qualität Ihrer Stimme und darauf, ob Ihr Vortrag verständlich und Ihr Redefluß gleichmäßig ist.

- Nehmen Sie Ihren Vortrag auf Video auf. Achten Sie beim Abspielen auf Ihre Haltung und Gestik und deren Übereinstimmung mit dem Inhalt.

- Referieren Sie den Vortrag vor einem Freund oder Kollegen. Damit Sie sich sicher fühlen, sollte sich dieser mit Einwänden zunächst zurückhalten und erst am Schluß eine konstruktive Kritik äußern.

- Bei wichtigen Anlässen empfiehlt es sich, möglichst viele gute Freunde und Kollegen zu einem Probevortrag einzuladen. Bitten Sie Ihre „Zuhörer", des „Teufels Advokat", also ein besonders unruhiges Publikum zu spielen und sich so oft wie möglich kritisch und störend zu äußern. Jede Schwäche in Inhalt und Ausführung sollte bloßgelegt werden. Auf den ersten Blick mag dieses Experiment vielleicht so manchen beunruhigen. Es verbessert jedoch die Fähigkeit zur Selbstdarstellung ungemein. Und verglichen mit der Probe vor Freunden ist der anstehende Vortrag dann ein Spaziergang.

- Erstellen Sie einen Zeitplan für Ihren Vortrag. Finden Sie heraus, wieviel Zeit zur Erklärung der Kernpunkte nötig ist. Und berücksichtigen Sie, daß der eigentliche Vortrag wahrscheinlich länger dauert als bei der Probe. Setzen Sie sich einen bestimmten Zeitrahmen für jeden einzelnen Teil Ihres Vortrages. Planen Sie Zeit für Fragen und Unterbrechungen ein. Außerdem sollten Sie immer über einige Reserven an Ideen und Einzelheiten verfügen, auf die Sie notfalls zurückgreifen können.

- Üben Sie den Umgang mit sämtlichen Hilfsmitteln, die sie verwenden wollen. Sie sollten mit diesen Medien gut umgehen können (siehe auch Kapitel 6).

Zum Schluß möchte ich Ihnen ans Herz legen, alle hier beschriebenen Techniken auszuprobieren und herauszufinden, mit welchen Methoden Sie am besten zurechtkommen.

Zusammenfassung

Der wichtigste Punkt in diesem Kapitel ist die positive Grundhaltung, die vom ersten Moment an Ihre Gedanken an eine Vortragstätigkeit bestimmen sollte. Durch die An-

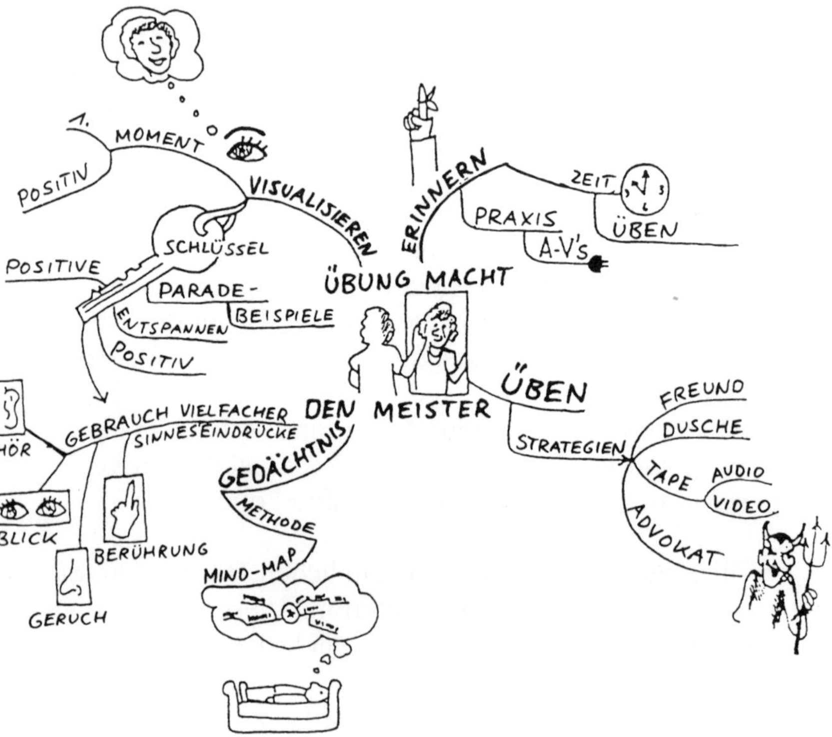

Mind Map des 5. Kapitel

wendung der Visualisierungsmethode läßt sich eine solche positive Haltung aufbauen. Die Kernpunkte für effektive Visualisierung waren erstens die Orientierung an Vorbildern, zweitens Entspannung, drittens der Gebrauch vielfacher Sinneseindrücke, viertens die positive Grundhaltung und fünftens – Übung!

Mind Mapping unterstützt Ihr Erinnerungsvermögen. Das konkret erstellte Mind Map kann dann vor Ihrem geistigen Auge rekonstruiert werden. Als nächstes würde sich anbieten, laut zu referieren, und zwar allein oder mit einem Freund. Benutzen Sie Tonband oder Videokamera oder veranstalten Sie eine „Advocatus-Diaboli-Sitzung". Vergewissern Sie sich, daß Sie mit allen technischen Hilfsmitteln vertraut sind und Ihren Vortrag zeitlich gut strukturiert haben.

Perfekte Übungsmethoden machen den Meister – das war Sinn und Zweck dieses Kapitels. Im nächsten Kapitel geht es buchstäblich darum, die „Bühne" den Anforderungen gemäß aufzubauen – das heißt, die gesamte Umgebung, Licht, Belüftung, Akustik bei einem Auftritt so zu gestalten, daß sie sich harmonisch in Ihren Vortrag einfügen.

6

Wie gestalte ich meine „Bühne"?

Das Medium ist die Botschaft.

Marshall McLuhan

Die Umgebung, in der Ihr Vortrag stattfindet, hat unmerkliche, aber nachhaltige Auswirkungen. Beleuchtung, Belüftung, Raumaufteilung, ja sogar das eigene Erscheinungsbild sowie audiovisuelle Hilfsmittel können die Einstellung der Zuhörer Ihnen gegenüber sowie ihr Auffassungs- und Erinnerungsvermögen massiv beeinflussen.

Während durch eine sorgfältig gestaltete Umgebung der Redeinhalt wirkungsvoll unterstützt werden kann, lenkt das normale Vortragsmilieu eher davon ab bzw. vereitelt die Kommunikationsversuche des Vortragenden. In der Regel findet ein Vortrag z. B. bei Neonlicht statt. Eingehende Untersuchungen deuten darauf hin, daß Neonlicht die Koordination der beiden Gehirnhemisphären stört, die nötig ist, um Informationen aufzunehmen und gut zu verarbeiten.[1] Wenn die Zuhörer sich außerdem noch unwohl fühlen, sei es durch einen beengenden Sitz oder durch zu hohe Zimmertemperatur, sinken Aufmerksamkeit und Erinnerungsvermögen noch weiter ab.

Nehmen Sie diese Punkte nicht auf die leichte Schulter, sondern entwickeln Sie eine eigene Sensibilität für das jeweils passende „Bühnenarrangement". Natürlich finden Sie nicht immer eine ideale Umgebung vor – dennoch, versuchen Sie, für Ihr Publikum ein optimales „Lern-Umfeld" zu schaffen. Dazu ist viel zusätzlicher Aufwand notwendig, aber es lohnt sich ganz bestimmt.

Einflüsse durch die Umgebung

Berücksichtigen Sie bei der Gestaltung Ihrer „Bühne" besonders folgende Faktoren:

Raum und Einrichtung. Versuchen Sie immer einen Raum zu benutzen, in dem jeder Zuhörer reichlich Platz hat. Arrangieren Sie Tische und Stühle entsprechend der Art des Vortrags. Für kleine Gruppen mit weniger als 25 Zuhörern bietet sich die U-Form an, da sie meiner Erfahrung nach ein Optimum an Interaktion und Beteiligung ermöglicht. Für größere Gruppen bevorzuge ich eine etwas abgewandelte Klassenzimmerform.

Sie sollten leere Stühle, unabhängig von der gewählten Sitzstruktur, aus dem Raum entfernen oder wenigstens in die Ecke stellen, da sie eine Art „tote Energie" bilden und unbewußt die Aufmerksamkeit der Zuhörer abziehen.

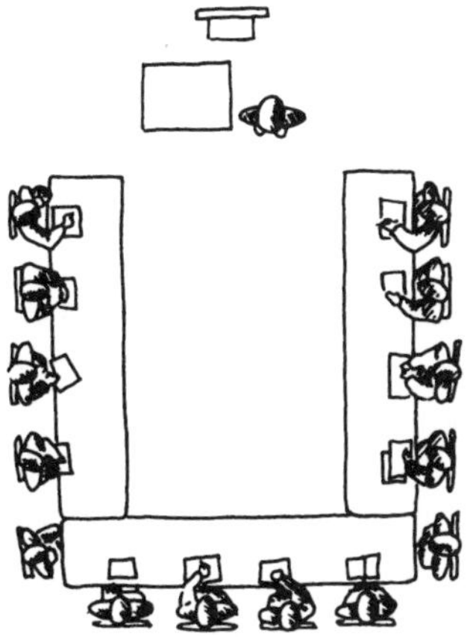

U-Form

Klassenzimmer-Form

Es ist sehr wichtig, mit der Wahl des Raums und der Einrichtung sein Verständnis für Sorgen und Bedürfnisse des Publikums zum Ausdruck zu bringen. Wer solche Details mit in Erwägung zieht, beweist einen hohen Grad an Professionalität.

Ausstattung. Die unmittelbare Umgebung stimuliert und beeinflußt das Publikum. Viele Vorträge werden in tristen, ausschließlich funktionsbezogenen Räumen abgehalten. Ein langweiliges Interieur wirkt sich lähmend auf den Geist aus. Sorgen Sie deshalb für eine anregende, „gehirnfreundliche" Umgebung. Frische Blumen, Grünpflanzen und farbenfrohe Blickfänge wirken sich belebend und aktivierend auf jeden einzelnen aus und fördern die Aufnahmebereitschaft des Publikums.

Beleuchtung. Die Beleuchtung spielt für eine „gehirnfreundliche Umgebung" eine wichtige Rolle. Leider ist die heutzutage gebräuchlichste Form der Beleuchtung Neonlicht – ein Art „Junkfood" für den menschlichen Geist. Neben dem koordinationshemmenden Effekt auf das Gehirn schwächt das Neonlicht außerdem die Schatten ab, vermindert die erforderliche Kontrastbildung und ist so einer klaren Sichtweise abträglich. Auch erzeugen Neonröhren häufig einen leisen summenden Ton. Diese unangenehmen Nebeneffekte der Neonbeleuchtung stören Ihre Zuhörer, die darauf angewiesen sind, den Vortragenden deutlich zu sehen und zu hören. Wenn möglich halten Sie Ihren Vortrag stets bei Tageslicht oder bei einer Beleuchtung mit normalen Glühbirnen.

Belüftung und Temperatur. Die meisten Vorträge werden in schlecht belüfteten und unausgewogen temperierten Räumen abgehalten. Stickige Luft und falsche Raumtemperatur bilden eine ständige Belastung für die Zuhörer und wirken einschläfernd. Idealerweise sollte die Raumtemperatur ungefähr 20 Grad Celsius betragen und der Raum gut belüftet sein.[2] Luftqualität und Raumtemperatur können Sie durch genau abgestimmtes Öffnen von

Fenstern und Türen verbessern. Sollte die Idealtemperatur nicht erreicht werden können, läßt man es eher etwas kälter.

Bitten Sie Ihre Zuhörer, aufs Rauchen zu verzichten. Frische Luft steht in geschlossenen Räumen meist hoch im Kurs. Geraucht werden sollte außerhalb des Vortragssaals in den Pausen, die Sie von Zeit zu Zeit einlegen. Es ist auch eine gute Idee, fünf oder sechs große Grünpflanzen im Saal aufzustellen. Sie tragen zu einer etwas besseren Sauerstoffversorgung bei und wirken durch ihren Anblick belebend auf alle Anwesenden.

Ihre äußere Erscheinung. Das eigene Erscheinungsbild ist ein weiterer wesentlicher Punkt bei Ihrem Auftritt. Das Publikum nimmt unweigerlich jedes Detail Ihres Äußeren wahr. Ein herausgezogener Hemdzipfel, unpassende Farbkombinationen oder allgemein unkleidsame Garderobe lenken die Zuhörer ab. Vergessen Sie eines nicht: Sie stehen im Mittelpunkt des Interesses, und aus Sicht der Zuhörer kann selbst die kleinste Marotte zum größten Stein des Anstoßes werden. Kleiden Sie sich deshalb tadellos und gepflegt.

Von detaillierten Ratschlägen bezüglich der Kleidung möchte ich Abstand nehmen, denn ich möchte Sie zu Ihrem eigenen persönlichen Stil ermutigen. Eine allgemeine Regel besagt jedoch, daß der Redner schlichtweg besser gekleidet sein muß als sein Publikum, vor allem, wenn die Zuhörer älter sind als Sie. Eine kleidsame Garderobe sollte zum einen bequem sein und zum anderen auch Bewegungsfreiheit garantieren. Sie sollten sich mehrere Kleidungsstücke zulegen, die Ihnen gut gefallen, und sie nach Möglichkeit nur zu den Vorträgen anziehen. Auch die Garderobe kann Teil einer „Visualisierung des perfekten Auftritts" werden.

Am äußeren Erscheinungsbild läßt sich ablesen, ob Sie ausgeruht sind und sich vorbereitet haben, aber auch, wie Sie sich gewöhnlich ernähren. Wenn Sie ein professioneller Redner sind oder es werden wollen, sollten Sie sich ähnlich einem professionellen Tänzer oder Leichtathleten in Form bringen. Durchtrainierte Figur, jugendliches Auftreten und lebendiger Blick sind die wichtigsten Voraussetzungen für ein positives Erscheinungsbild.

Sich vorstellen. Die Vorstellung ist ein Schlüssel der gelungenen Präsentation. Sie sollte Ihre Glaubwürdigkeit als Redner bestätigen und Ihr Publikum auf Sie einstimmen. Häufig kommen Zuhörer abgehetzt und außer Atem zum Vortrag. Sie weilen mit ihren Gedanken noch beim kurz zuvor erlebten Verkehrsstau oder den Problemen zu Hause. Wer seine Person eindrucksvoll vorstellt, „bringt" die Zuhörer damit ins „Hier und Jetzt".

Wenn Sie sich nicht selbst vorstellen, sollten Sie sich nach einer Person umtun, die möglichst gut zu repräsentieren versteht. Bereiten Sie dieser Person ein Mind Map oder eine Stichwort-Liste vor, was über Sie und den Vortrag gesagt werden soll. Eine Vorstellung sollte idealerweise nicht länger als zwei Minuten dauern. Das reicht aus, um beim Publikum Interesse zu wecken und eine Erwartungshaltung zu erzeugen. Achten Sie darauf, daß alle Fragen bezüglich Toiletten, Telefonzellen, Snackbars und ähnlichen Dingen geklärt sind, *bevor* Sie vorgestellt werden.

Audiovisuelle Hilfsmittel

Audiovisuelle Hilfsmittel sind von unschätzbarem Vorteil. Sie können dazu beitragen, daß der Vortrag Eindruck macht und sich den Zuhörern besser einprägt. An den richtigen Stellen eingesetzt, lockern sie die Atmosphäre auf und verbessern auf unterhaltsame und belebende Weise Aufnahmebereitschaft und Erinnerungsvermögen Ihres Publikums.

Dazu muß folgendes berücksichtigt werden: Denken Sie daran, daß der Hauptgrund für den Einsatz audiovisueller Hilfsmittel die Hervorhebung und Betonung der Kernpunkte ist. Ob Sie nun Overhead-Projektoren oder andere technische Hilfsmittel einsetzen, es geht nicht darum, detaillierte Informationen weiterzugeben. Den Vortragsteilnehmern ist es fast immer unmöglich, einer solchen Darstellung zu folgen. Leider zeigen die meisten Referenten eine Menge Bilder – oft Dias – mit einer Fülle von Details, die vieler Erklärungen bedürfen, anstatt sich mit Hilfe eines Bildes viele Erklärungen zu sparen. Benutzen Sie audiovisuelle Hilfsmittel, um Schlüsselbegriffe und Hauptpunkte zusammenzufassen und zu betonen. Bilder sind als Gehirn-Stimuli weitaus wirksamer als alle Worte.

Verlassen Sie sich nicht darauf, daß audiovisuelle Hilfsmittel Ihnen die Arbeit abnehmen. *Sie selbst* stehen als Medium nach wie vor an erster Stelle und geben Informationen weiter. Vermeiden Sie es, sich hinter Geräten zu verstecken und „Dialoge“ mit dem Overhead-Projektor zu führen. Sie dürfen auch nicht im Dunkeln verschwinden, während das Publikum Dias sieht. Dadurch verlieren Sie den Kontakt zu Ihrem Publikum, was sich wiederum äußerst negativ auf den gesamten Vortrag auswirken wird.

- Audiovisuelle Hilfsmittel sollten Sie nur benutzen, wenn sie wirklich gebraucht werden. Ihr Einsatz erfordert Fingerspitzengefühl, denn sie können leicht die Aufmerksamkeit des Publikums von Ihnen ablenken. Stellen Sie sicher, daß Ihre Zuhörer nur das sehen, was Sie ihnen zeigen wollen, und das zum richtigen Zeitpunkt.

- Wenn Sie komplexe technische Hilfsmittel einsetzen, sollten Sie die Gebrauchsanleitung vorher sorgfältig studieren und die Handhabung eventuell üben. Nichts wirkt sich störender auf die Zuhörer aus und schadet der Vortragswirkung mehr als das Herumhantieren an irgendwelchen Geräten. Sie sollten auch immer mit der Möglichkeit rechnen und damit umgehen können, daß technische Hilfsmittel ausfallen oder daß gewünschte Vortragsmaterialien nicht vorhanden sind.

- Alle Abbildungen sollten einfach und klar und leichtverständlich sein und von allen Plätzen im Vortragsraum gesehen werden können.

Im folgenden werden die gebräuchlichsten technischen Hilfsmittel näher erläutert.

Flipcharts. Flipcharts sind fertig erhältlich, tragbar und leicht zu gebrauchen. Um dieses Medium optimal auszunutzen, sollten Sie in großen, lesbaren Buchstaben schreiben und verschiedene Farben benutzen. Verwenden Sie

Schlüsselworte oder Satzfragmente, anstatt ganze Sätze zu schreiben. Flipcharts eignen sich gut dazu, mittels Diagrammen, Graphiken oder anderer Bilder die zentralen Punkte zu illustrieren. Die Kartenseiten sollten gut leserlich und unzerknittert sein. Bestenfalls bereiten Sie den Flipchart vor dem Vortrag vor. Schreiben Sie nur auf jedes dritte Blatt, damit das Publikum bei leicht durchscheinendem Papier nicht von dem nachfolgenden Text abgelenkt wird.

Flipcharts sollten nur in relativ kleinen Gruppen benutzt werden. Vor dem Vortragsbeginn sollten Sie die Leserlichkeit von der letzten Zuhörerreihe aus überprüfen. Meist ist es recht umständlich, die Blätter am Flipchart umzublättern, so daß es problematisch ist, auf frühere Blätter zurückzugreifen. Mit mehreren Flipcharts läßt sich dieses Problem eingrenzen.

Overhead-Projektor. Overhead-Projektoren ermöglichen Ihnen eine lebendige, visuelle Informationsvermittlung. Sie sind vorteilhafter als Flipcharts, denn das Bild ist beleuchtet und deshalb besser erkennbar. Sie sind bei jeder Gruppengröße verwendbar und in ihrer Funktion relativ dynamisch, da Sie darauf schreiben und *gleichzeitig* reden können. Da Sie Ihr Publikum immer ansehen können, während Sie den Overhead-Projektor bedienen, können Sie gut im Kontakt mit Ihren Zuhörern bleiben.

Ich empfehle Ihnen einzelne, transparente Folien zu verwenden, die schnell den Rückgriff auf früheres Material erlauben. Die Folienstifte sind in einer großen Farbauswahl erhältlich und für die Gestaltung einprägsamer Bilder bestens geeignet. Wenn Sie den Overhead-Projektor für eine längere Zeit benutzen, stellen Sie ihn auf einen niedrigen Tisch, neben dem Sie gut sitzen können.

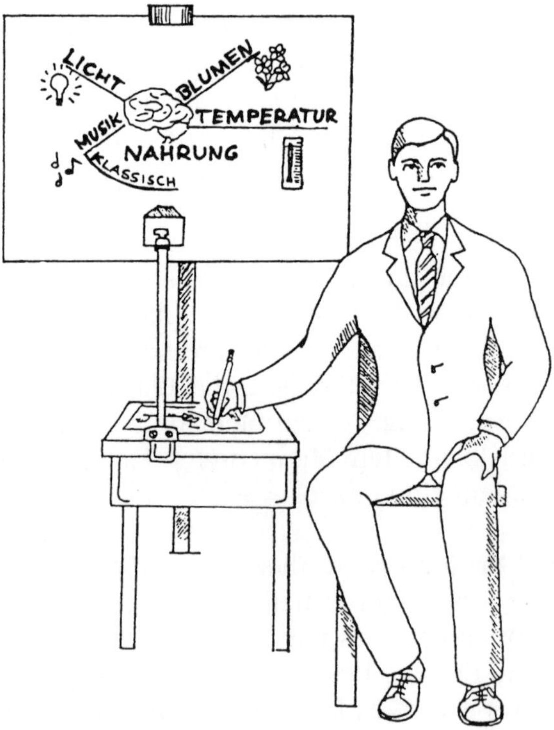

Projektorbirnen haben die unangenehme Eigenschaft, in den ungünstigsten Momenten durchzubrennen. Deshalb empfiehlt es sich, Ersatzbirnen parat zu halten. Stellen Sie das Bild vor Beginn ein und überprüfen Sie es regelmäßig, damit es zentriert und scharf bleibt. Bei besonders wichtigen Präsentationen, bei denen es außerdem darauf ankommt, den Zeitrahmen exakt einzuhalten, sollten Sie darauf bestehen, daß ein funktionierendes Ersatzgerät zur Verfügung steht.

Diaprojektor. Dias können die Verständlichkeit, Wirkung und Unterhaltsamkeit eines Vortrags erhöhen. Planen Sie den Einsatz von Dias, dann gilt es einige Punkte zu beachten:

• Überlegen Sie gründlich, welche Bilder zu Ihrem Vortrag passen.

• Zeigen Sie zu jedem Ihrer Hauptaspekte so wenig Bilder wie möglich, denn zu viele Dias überladen und erschöpfen das Publikum und die Hauptinformation geht verloren.

• Denken Sie daran, daß ausgedehnte Perioden ohne Licht den Kontakt mit den Zuhörern unterbrechen.

Benutzen Sie in jedem Fall einen modernen Projektor mit automatischer Fokussierung und Fernsteuerung. Es ist wichtig, daß Sie viel Bewegungsfreiheit und Raum für die Interaktion mit Ihrem Publikum haben. Überprüfen Sie sicherheitshalber dreimal die Reihenfolge und richtige Position der Dias (seitenrichtig und nicht auf dem Kopf stehend) oder bitten Sie jemand, die Dias vorzuführen.

Video und Film. Sie können zweifellos die wirksamsten technischen Hilfsmittel sein. Videos und Filme beeindrucken solchermaßen, daß der Redner selbst zum Statisten degradiert werden kann. Videos oder Filme stellen einen Vortrag für sich dar. Sie sollten einen Vortrag insgesamt ersetzen, anstatt als Ergänzung verwendet zu werden. Entscheiden Sie sich für dieses Medium, bedenken Sie, daß Sie dann allenfalls als (Diskussions-)Leiter fungieren oder für Erläuterungen zuständig sind.

Zusätzliche Hinweise

Vortrags-Skripts. Sie können vorteilhaft sein, um Ihrem Publikum detailliertere Information zukommen zu lassen. Am besten verteilen Sie sie am Ende des Vortrags oder zu einem Zeitpunkt, in dem Sie inhaltlich auf sie eingehen möchten. Bitten Sie das Publikum einen bestimmten Absatz zu lesen und geben Sie ihm genügend Zeit dabei. Bitten Sie dann die Zuhörer, die Skripts beiseite zu legen.

Vermeiden Sie es, den Zuhörern das Skript zu Beginn einer Rede anzukündigen, da sie häufig mit Unaufmerksamkeit reagieren. Abzuraten ist auch von einer Verteilung der Skripts zu Beginn, da die Aufmerksamkeit der Zuhörer dann eher dem Skript als Ihnen gilt.

Musik. Wahrscheinlich sind Sie bis jetzt noch nicht auf die Idee gekommen, bei Vorträgen Musik einzusetzen. Auf das Gehirn Ihrer Zuhörer wirkt sich Musik jedoch sehr positiv aus. Wissenschaftliche Untersuchungen haben gezeigt, daß eine bestimmte klassische Musik wie z. B. nichtchorale Werke von Beethoven, Mozart, Vivaldi und Bach die Zusammenarbeit zwischen linker und rechter Gehirnhemisphäre fördern.[3] Sie könnten diese Musik am Anfang, wenn das Publikum den Vortragsraum betritt, während der Pausen oder wenn die Zuhörer den Raum wieder verlassen spielen. Musik in dieser Form einzusetzen, trägt zur Steigerung von Aufmerksamkeit und Aufnahmefähigkeit bei und sorgt für eine entspannte Atmosphäre.

Mikrofon. Verwenden Sie nur dann Mikrofone, wenn es unbedingt nötig ist. Verstärker verzerren häufig die Stimme und müssen ständig neu eingestellt werden. Ist der Gebrauch eines Mikrofons unumgänglich, sollten Sie sich an Ihre durch den Verstärker veränderte Stimme erst gewöhnen. Das Mikrofon sollten Sie vor Redebeginn immer erst testen. Besonders wenn Sie ein in dieser Richtung ungeübter Redner sind sollten Sie den Umgang mit Mikrofonen erst üben. Standardmikrofone werden in Mundhöhe und in ungefähr 15 cm Entfernung angebracht. Wenn möglich, sollten Sie immer ein kabelloses Kragenmikrofon benutzen, das maximale Bewegungsfreiheit und eine ausgewogene Stimm-Modulation gewährleistet.

Mind Maps. Sie können die Effektivität Ihrer Vorträge erheblich verbessern, indem Sie Mind Maps zur Kommunikation mit Ihren Zuhörern einsetzen. Durch die Mind Mapping Methode können Sie Ihren Zuhörern ein großes Maß an Information „gehirnfreundlich" vermitteln. Um Mind Maps erfolgreich einsetzen zu können, beginnen Sie Ihren Vortrag mit einer kurzen Einführung in diese Methode. Ich sage meinem Publikum: „Ich möchte Ihnen zunächst mit Hilfe einer einfachen Bildübersicht die Grundideen meines Vortrages vorstellen." Dann erstelle ich, während ich weiterspreche, am Overhead-Projektor ein farbiges Mind Map meiner Hauptaspekte. Das Anwachsen des Mind Maps vor den Augen des Publikums erzeugt Überrerschungseffekte und eine gewisse Spannung, die die Phantasie meiner Zuhörer anregt. Sie werden neugierig und können die nachfolgenden Informationen gut in ihre Zusammenhänge einordnen und sie sich leicht merken.

Was tun, wenn das Publikum meutert?

Als Antwort auf meine Empfehlungen und Ratschläge höre ich häufig Einwände wie: „Die machen das bestimmt nicht mit", oder: „Wo ich arbeite, ist das nicht möglich." Sicherlich gibt es Situationen, in denen es schwer ist, die äußeren Bedingungen in der beschriebenen Weise zu verbessern. Doch Sie werden feststellen, wie viele positive Veränderungen Sie durchsetzen können, wenn Sie nur nachdrücklich darauf bestehen. Ob Sie in der eigenen Firma reden oder vor fremdem Publikum, es lassen sich fast immer bessere Bedingungen schaffen. Am Ende ist jeder froh, daß Sie etwas verändert haben.

Ich empfehle immer eine individuelle Check-Liste für das Vortragsumfeld. Sie sollte frühzeitig dem Veranstalter vorliegen. Klären Sie vorher alles ab und besprechen Sie jedes einzelne Thema. Erscheinen Sie frühzeitig, um Details vor Ort zu überprüfen und letzte Veränderungen vorzunehmen.

Natürlich kommt es immer wieder vor, daß Sie nicht wie gewohnt oder beabsichtigt das Umfeld in Ihrem Sinn gestalten können, z. B. wenn bei einer Konferenz vor Ihnen andere Redner an der Reihe sind. Dennoch können Sie für Ihren Auftritt etwas verändern, und sei es nur einen Tisch umzustellen, Blumen mitzubringen oder leere Stühle entfernen zu lassen. Diese Aktionen beweisen Ihre Sorgfalt, Ihr Engagement sowie Ihre Führungseigenschaften und sind Ausdruck von Selbstsicherheit.

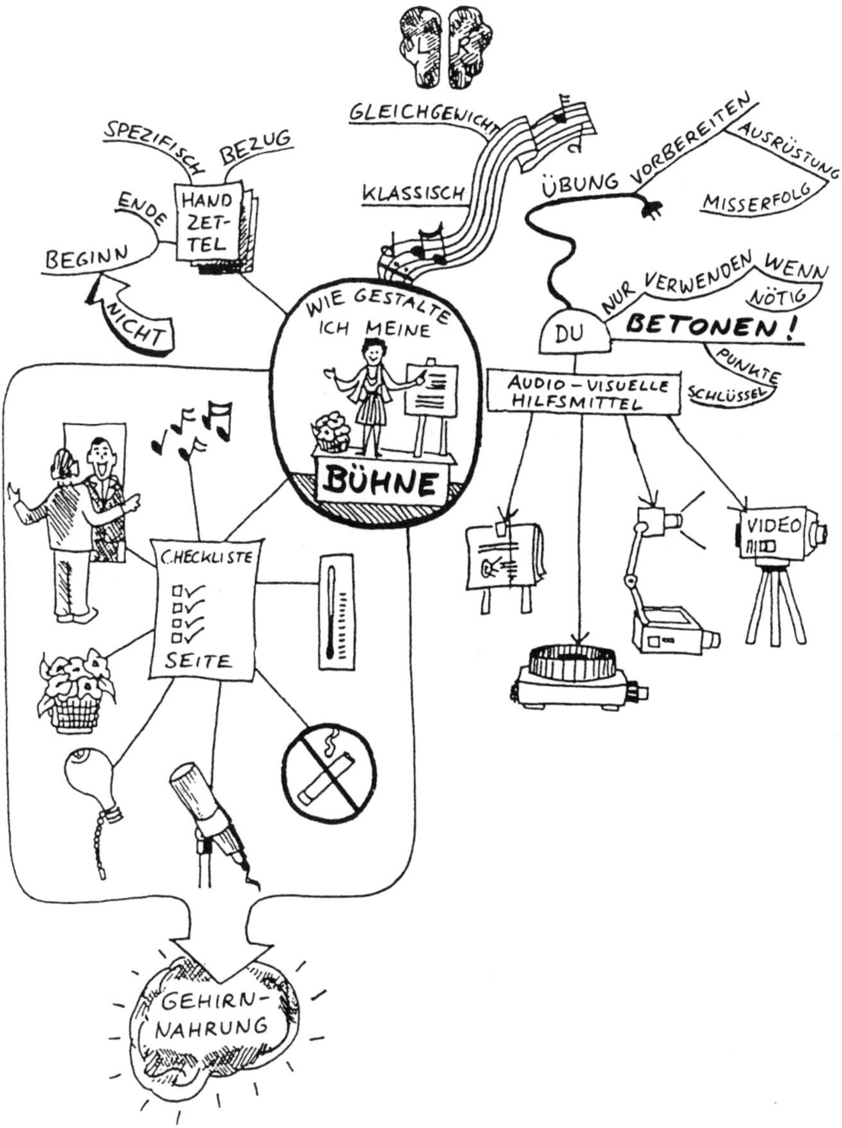

Mind Map des 6. Kapitels

Zusammenfassung

In diesem Kapitel habe ich Ihnen gezeigt, wie wichtig ein sorgfältig gestaltetes Ambiente für Ihren erfolgreichen Auftritt ist. Ihr Vortrag wird erst dann von außergewöhnlich großer Qualität sein, wenn Sie auch scheinbar weniger wichtige Details beachten: Raumauswahl, Belüftung, Beleuchtung, Ihr äußeres Erscheinungsbild, einleitende Worte zur Person sowie Einsatz audiovisueller Hilfsmittel.

Was Sie bisher erfahren haben, sollte Ihnen Selbstvertrauen und einen exzellenten Standard verleihen. Diese Eigenschaften haben jedoch einen gewaltigen Gegner: die Angst. Im nächsten Kapitel zeige ich Ihnen, wie man Angst transformieren und aus sich das Beste machen kann.

7

Die Angst transformieren

Angst tötet den Geist – Angst heißt, einen kleinen Tod zu sterben.

Frank Herbert

Der Mensch wird, was er denkt.

Altes Testament

Angst: große Sorge, Unruhe; unbestimmtes, oft grundloses Gefühl des Bedrohtseins.

Wahrig, Deutsches Wörterbuch

Was bedeutet „Unruhe“ oder das „Gefühl des Bedrohtseins“ in Verbindung mit Sprechen vor einer Gruppe? Wovor haben die Menschen Angst, wenn sie vor ihren Mitmenschen stehen?

Die Antwort ist einfach: Sie haben Angst vor Demütigungen, Verlegenheit, Selbstwertverlust und Blamage.

Was sind die Ursachen dieser Angst?

Rufen Sie sich einmal die ersten Schuljahre ins Gedächtnis. Vielleicht erinnern Sie sich an Situationen, in denen ein Schüler begeistert aufstand, eine Frage beantwortete oder etwas erzählte und nichts als spottendes Gelächter erntete. Sowohl die Zeugen als auch die Opfer dieser typischen Szene erfahren, daß aus der Angst vor dem Ausgelachtwerden und der Lächerlichkeit eine negative Kraft entsteht. Die daraus resultierende Zurückhaltung blokkiert die Fähigkeit, sich frei auszudrücken. Als Folge dieser Erfahrung entstand bei einigen von uns dann die Angst vor öffentlichen Auftritten. Die meisten Leute halten nur deshalb langweilige, mittelmäßige und einfallslose Vorträge, um das Risiko, ausgelacht und verspottet zu werden, zu vermeiden.

Auch die erfahrensten Redner fühlen gelegentlich Angst vor oder während eines Vortrags. Sogar ein Altstar wie Helen Hayes mit über 50 Jahren Bühnenerfahrung berichtet, daß sie immer noch vor jedem Auftritt *Schmetterlinge im Bauch* spürt.

In diesem Kapitel möchte ich Ihnen einen Weg zeigen, wie man schrittweise die Angst in Stärke und Zuversicht umwandeln kann; wie man es erreicht, daß „die Schmetterlinge in Formation fliegen".

Der erste Schritt ist es zu verstehen, daß es nichts Schlimmes ist, Angst zu fühlen. Der Schlüssel zum Erfolg besteht in der Kontrolle über die *Reaktionen* auf Angst. Wenn Sie in der Lage sind, diese Reaktionen zu beeinflussen, können Sie die Energie der Angst in eine aufbauende Kraft umwandeln, die Ihnen hilft, Ihr Bestes zu geben. Um zu lernen, wie man mit Angst zurechtkommt, ist es wichtig, den Wirkungsmechanismus der Angst zu verstehen.

Der Alarm-Mechanismus

In den 60er Jahren untersuchte der Wissenschaftler Dr. Frank Pierce Jones von der Tuft University das Phänomen „Angst". In einem seiner Experimente testete er eine aus 1000 Teilnehmern bestehende Gruppe. Er bat jede Versuchsperson, die für ihn angenehmste Haltung einzunehmen, und erschreckte die Teilnehmer des Versuchs mit einem plötzlichen Geräusch. Jones stellte fest, daß jede Person gleich reagierte, nämlich mit angespannten Nackenmuskeln, angehaltenem Atem und kontrahierten Sehnen. Er nannte diese Art der Anspannung den „Alarm-Mechanismus".

Im weiteren Verlauf stellte Jones fest, daß der Alarm-Mechanismus als Reaktionsmodell für alle Streßsituationen diente. Die meisten Menschen reagieren also auf Streß mit angespannten Nackenmuskeln, angehaltenem Atem und allgemeiner Kontraktion des Körpers. Die kritischste Beobachtung von Jones bestand darin, daß die meisten Menschen im modernen Alltagsleben derart unmäßigem Streß ausgesetzt sind, daß sie dadurch permanent in einem mehr oder weniger stark ausgeprägten Alarm-Mechanismus gefangen sind.[1]

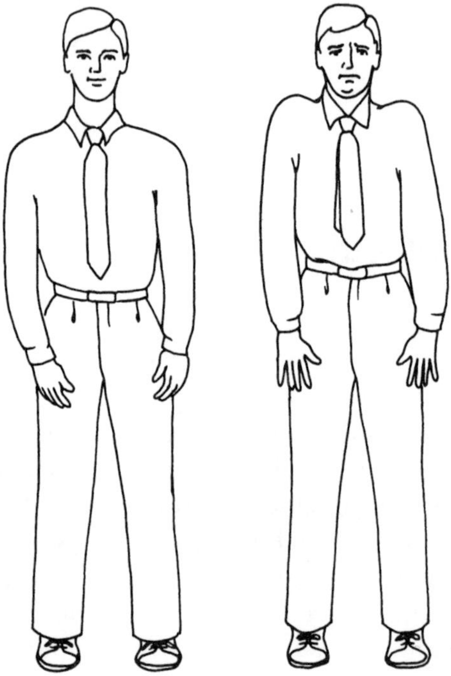

Der Alarm-Mechanismus

So steckt bei den meisten von uns bereits eine Menge Angst-Energie im Körper, noch bevor es überhaupt zu einem öffentlichen Auftritt kommt. Der Alarm-Mechanismus verstärkt sich um so heftiger, je mehr wir uns Sorgen über einen bevorstehenden Auftritt machen. Diese Reaktionen sind recht heimtückisch, da sie sich normalerweise im Unbewußten abspielen. Die meisten Menschen nehmen diese Vorgänge erst wahr, wenn die Angst schon so groß ist, daß die Handflächen zu schwitzen anfangen, das Herz klopft und die Kehle trocken wird. Von da an kontrolliert die Angst den Menschen. Um Herr über unsere Angst zu werden und unser eigenes Potential voll zu entfalten, müssen wir Techniken einsetzen, die uns von den chronischen und akuten Auswirkungen des Alarm-Mechanismus befreien.

Die Alexander-Technik

F. Mathias Alexander (1869–1955), Schauspieler und Shakespeare-Darsteller aus Australien, entwickelte die wirkungsvollste Methode, Angst zu transformieren.[2] Seine erfolgreiche Bühnenkarriere wurde durch eine anhaltende Tendenz bedroht, wegen zu starker Angst mitten in der Aufführung seine Stimme zu verlieren. Er arbeitete viel an sich und stellte mit Hilfe von Spiegeln fest, daß er allein bei dem *Gedanken*, zu rezitieren, seine Nackenmuskeln anspannte, den Kopf zurückzog, nicht mehr frei atmen konnte und eine gekrümmte Haltung einnahm. Alexander machte die Beobachtung, daß sich dieses Muster vor allem dann verstärkte, wenn es darum ging, schwierigere Passagen zu rezitieren. Er folgerte daraus, daß dieser Mechanismus (den Jones später den Alarm-Mechanismus nannte) für das Problem der versagenden Stimme verantwortlich war.

Alexander löste sein Problem schließlich durch die Entwicklung einer bestimmten Technik und wurde wegen seiner prachtvollen Stimme und großer schauspielerischer Leistungen bald berühmt. Die Leute kamen in Scharen zu ihm, um Unterricht zu nehmen. Da die Nachfrage so groß war, entwickelte er aus seinen Erkenntnissen die Alexander-Technik. Sie wird meist in mehreren individuellen Lektionen erlernt, bei denen der Lehrer sehr subtil mit Körperbewußtseinsprozessen arbeitet und dem Schüler dadurch intensive Erfahrungen mit seelischem Gleichgewicht und Selbstsicherheit ermöglicht.[3] Mit der Zeit lernt der Schüler, seine Verspannungsmuster zu erkennen, lernt sie zu vermeiden und entdeckt dadurch eine anmutige und ausgeglichene Art von Bewegung und Sprache.

Die Alexander-Technik wurde bald als Berufsgeheimnis von Schauspielern gehandelt und wird jetzt schon seit vielen Jahren auf allen großen Musik- und Schauspielschulen gelehrt, z. B. auf der „Julliard School of Music" in New York und den „Royal Academies of Drama and Music" in England. Diese Technik ist auch ein ganz wesentlicher Bestandteil meiner Seminare, die ich für Lehrer und Geschäftsleute auf der ganzen Welt anbiete. Die Alexander-Technik läßt sich nicht vollständig aus einem Buch erlernen, doch gibt es eine bestimmte Übung, mit der Sie sofort beginnen können. Dieser Prozeß, den ich „Entspannung durch Gleichgewicht" nenne, wird weltweit von allen Lehrern der Alexander-Technik benutzt. Wenn Sie die Übung regelmäßig anwenden, hilft sie Ihnen, sich von den Auswirkungen des Alarm-Mechanismus zu befreien. Der Ablauf ist ganz einfach und dauert ungefähr zehn Minuten. Benutzen Sie die nachfolgenden Anweisungen und die Abbildung als Anleitung.

Entspannung durch Gleichgewicht

1. Beginnen Sie, indem Sie einige Bücher (ungefähr 10 Zentimeter hoch) auf einen Teppichboden legen. Stellen Sie sich mit dem Rücken zu dem Bücherstapel eine Körperlänge entfernt davon hin und warten Sie einen Moment. Ihre Füße stehen etwa schulterbreit auseinander. Der Blick ist gerade nach vorn gerichtet und Ihre Arme hängen locker an den Seiten herab.

2. Strecken Sie Ihren Körper und dehnen Sie sich. Oft hilft dabei die Vorstellung, an einem am Scheitel befestigten Band in die Höhe gezogen zu werden. Sie spüren schon jetzt eine angenehme Entlastung des Kopfes und der Rückenwirbel. Atmen Sie frei, spüren Sie, wie Ihre Füße fest auf dem Boden stehen und bekommen Sie ein Gefühl für die Entfernung von den Füßen bis zu Ihrem Kopf. Lassen Sie Ihre Augen offen und nach vorne gerichtet und achten Sie auf die Geräusche um sich herum.

3. Im Bewußtsein dieses Zustands lassen Sie sich auf ein Knie nieder. Bewegen Sie sich nach hinten und setzen Sie sich mit Unterstützung Ihrer Hände hin, so daß die Füße flach auf dem Boden stehenbleiben und die Knie angewinkelt sind. Atmen Sie leicht und bewußt weiter.

4. Lassen Sie den Kopf etwas nach vorn fallen, damit die Nackenmuskeln nicht angespannt sind. Rollen Sie nun Ihr Rückgrat Wirbel um Wirbel auf dem Boden ab, bis Ihr Kopf auf den Büchern liegt. Die Bücher sollten so plaziert sein, daß Ihr Kopf an der Stelle abgestützt wird, an

der Ihr Hals am Kopf ansetzt. Wenn der Kopf nicht in der richtigen Position auf die Bücherunterlage trifft, so korrigieren Sie mit einer Hand die Lage der Bücher, während Sie mit der anderen Hand Ihren Kopf unterstützen. Ihre Füße stehen flach auf dem Boden, die Knie zeigen zur Decke. Die Hände liegen entspannt an der Seite oder sind leicht über der Brust gekreuzt. Lassen Sie Ihr Gewicht vollständig auf dem Boden lasten.

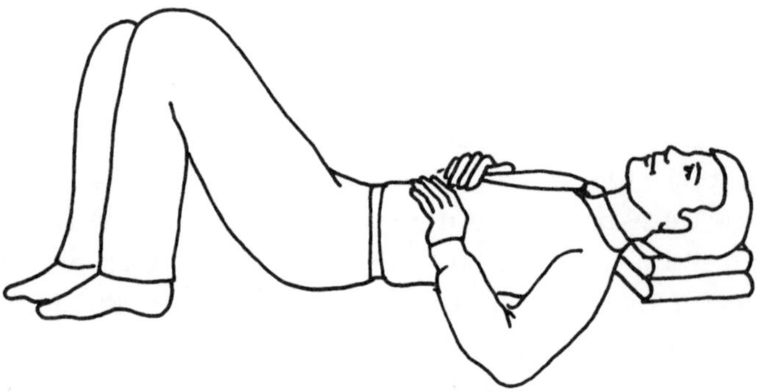

Der Ruhezustand

5. Alles was Sie tun müssen, um den Erfolg dieser Übung zu ernten, ist in dieser Position etwa zehn Minuten liegen zu bleiben Während Sie daliegen und sich ausruhen, wird der Einfluß der Schwerkraft die Wirbel auseinanderziehen und Ihren ganzen Körper in seiner natürlichen Statik ausrichten. Lassen Sie Ihre Augen geöffnet, um zu vermeiden, daß Sie einschlafen. Sie können Ihre Aufmerksamkeit auch auf den Atem lenken und auf das sachte Pulsieren des ganzen Körpers achten. Spüren Sie den Boden, der Ihr Körpergewicht trägt, Ihren Schultern

erlaubt auszuruhen und Ihren Rücken entspannt. Lassen Sie Ihren ganzen Körper sich strecken und ausdehnen.

6. Nachdem Sie sich zehn Minuten in dieser Position ausgeruht haben, stehen Sie langsam und vorsichtig auf, um zu vermeiden, daß sich Ihr Körper anspannt und zusammenzieht. Um den sanften Übergang von der liegenden in die stehende Position zu erleichtern, entscheiden Sie sich zunächst, daß Sie aufstehen möchten und rollen Sie dann erst, nach einem weiteren ruhigen Moment, vorsichtig sanft nach vorn. Erhalten Sie sich dabei das neuerworbene Gefühl Ihrer Integration, d. h. des harmonischen Zusammenhangs zwischen Körper und Geist. Gehen Sie in eine Krabbelposition und stehen Sie langsam auf.

7. Legen Sie eine kurze Pause ein, sobald Sie wieder stehen. Lenken Sie nochmals die Aufmerksamkeit auf die Füße sowie den Kontakt mit dem Boden und registrieren Sie den Abstand zwischen Ihren Füßen und Ihrem Kopf. Wahrscheinlich überrascht Sie die Feststellung, daß der Abstand größer geworden ist. Wenn Sie sich jetzt wieder Ihren alltäglichen Aufgaben widmen oder sich auf Ihre Vortragstätigkeit vorbereiten, dann verstärken Sie gedanklich das Gefühl der Ausdehnung und des Wohlbefindens und Ihres „inneren Auftriebs“.

Die besten Ergebnisse erzielen Sie, wenn Sie diese Übung mindestens zweimal täglich zehn Minuten praktizieren. Sie nutzen dafür am besten die Zeit morgens nach dem Aufstehen und abends vor dem Zubettgehen. Diese Übung ist besonders wertvoll, wenn Sie sich überarbeitet oder gestreßt fühlen oder einen Vortrag vor sich haben.

Durch regelmäßiges Üben bekommen Sie ein Gefühl von Vertrauen in den eigenen Körper und eine aufrechte und natürliche Haltung, die beste Voraussetzung für sicheres Auftreten.

Aufwärmen!

Zusätzlich zu der oben beschriebenen Übung können Sie noch einiges zum Aufwärmen tun, um Steifheit, Verspannung und Angst in Ausdruckskraft und Selbstsicherheit umzuwandeln.

Allzu häufig verhalten sich Redner vor dem Vortrag wie verurteilte Häftlinge auf dem Weg zum Galgen. Sie sitzen steif und wie versteinert da und stellen sich gedanklich alle möglichen Fehlschläge vor. Suchen Sie sich statt dessen einen Platz, an dem Sie sich frei bewegen können und praktizieren von den folgenden Übungen soviele wie möglich.

Übungen zum Aufwärmen

Wecken Sie Ihre Augen auf! Kreisen Sie mit dem Zeigefinger vor Ihren Augen und verfolgen Sie die Kreisbewegung der Fingerspitze. Ziehen Sie immer größere Kreise bis an den äußeren Rand Ihres Gesichtsfeldes. Führen Sie diese Bewegung so schnell Sie können aus, ohne dabei den Kopf mitzudrehen, insgesamt 30 Sekunden. Geeigneter noch als die eigene Fingerspitze sind eine glänzende Kugelschreiberspitze oder der Strahl einer

Taschenlampe. Diese Übung wird Ihre Augen aufwecken. Der klare und strahlende Blick spiegelt Ihren inneren Zustand wider.

Machen Sie Ihr Gesicht beweglich! Nehmen Sie sich eine Minute Zeit (am besten vor einem Spiegel) und schneiden Sie so viele Grimassen wie möglich, die z. B. Traurigkeit, Fröhlichkeit, Ärger, Langeweile, Überraschung oder sogar Angst ausdrücken. Übertreiben Sie jetzt jede Grimasse und achten Sie darauf, daß Ihre Augen an Ihrem Gesichtsausdruck beteiligt sind. Machen Sie ein verkniffenes Gesicht und dann ein weit aufgerissenes mit großen Augen und weit geöffneten Mund. Halten Sie jede Grimasse fünf Sekunden und legen Sie dazwischen eine kurze Entspannungsphase ein. Fünf bis zehn Grimassen als Lockerungsübung fürs Gesicht reichen aus, um offener zu werden und Ihre Ausdrucksmöglichkeiten zu erweitern.

Atmen. Lenken Sie Ihre Aufmerksamkeit auf den Atem, während Sie aufrecht und bequem auf einem Stuhl sitzen. Beobachten Sie Ihre Atembewegung 30 Sekunden lang, ohne sie zu beeinflussen. Dann erlauben Sie sich weit und tief zu atmen. Danach atmen Sie ausgiebig die gesamte Luft wieder aus. Atmen Sie in dieser Weise sieben mal, wobei Sie jeden Atemzug tiefer einströmen lassen. Den Wert der Atemübung können Sie durch ein tönendes „ahhhh“ beim Ausatmen noch erhöhen. Diese einfache Übung wirkt sich sehr entspannend aus. Sie hilft Ihnen sich ruhig und vital zu fühlen.

Nehmen Sie Einfluß auf Ihre Stimme! Nachdem Sie jetzt entspannt atmen, können Sie auch auf Ihre Stimme einwirken. Experimentieren Sie mit Lauten wie Gähnen, Seufzen und Summen; singen Sie Tonleitern herauf und herunter. Entdecken Sie den höchsten und tiefsten Ton, den Sie noch mühelos erreichen können. Singen oder summen Sie Ihre Lieblingsmelodie. Sie können auch versuchen, die ersten Minuten Ihres Vortrags zu singen. Diese einfachen Stimmübungen verhindern einen Stimmblock und verbessern Qualität und Resonanzfähigkeit Ihrer Stimme.

Bringen Sie Ihren Kreislauf in Bewegung! Beginnen Sie damit, Hände und Füße kräftig zu schütteln. Massieren Sie dann mit beiden Händen ihren Nacken, Ihre Schultern und die obere Kopfpartie. Anschließend berühren Sie mit sanften, kreisenden Bewegungen die Stirn, die Schläfen und die Augenhöhlen (nicht den Augapfel berühren). Danach massieren Sie Kiefer und Wangenknochen und zupfen leicht an den Ohren.

Als nächstes kneten Sie energisch mit beiden Händen die Beine von den Oberschenkeln bis zu den Knöcheln auf- und abwärts. Massieren Sie Ihren Bauch im Uhrzeigersinn und danach die untere Rückenpartie. Sie können aber auch auf der Stelle laufen, jonglieren, tanzen oder Dehnungsübungen machen. Am besten suchen Sie sich das aus, was Ihre Durchblutung am besten anregt.

Während Sie diese Übungen durchführen, werden Sie bemerken, daß Angst und Steifheit zu einem befreiten und begeisterten Gefühl umgewandelt werden. Bekräftigen Sie nochmals die positive Visualisierung Ihres Vortrages. Stellen Sie sich vor, wie Sie entspannt und kompetent referieren. Lassen Sie Ihre Energien frei fließen. Was Sie

Angst nannten, können Sie jetzt Aufmerksamkeit und Vorfreude nennen.

Aufbauende Gedanken. Außer den gerade beschriebenen praktischen Übungen können auch eine Reihe von aufbauenden Gedanken als hilfreiche Verbündete bei der Verwandlung von Angst benutzt werden.

Unerfahrene Redner stellen sich häufig vor, daß der kleinste Irrtum vom Publikum mit hämischem Entzücken registriert wird. Und, einem Alptraum gleich, sehen sie sich bei ihrem ersten Fehler unter Hohngelächter von der Bühne katapultiert. Aber so etwas wird nicht passieren. Das Publikum verhält sich fast immer tolerant und verständnisvoll.

Denken Sie daran, daß Ihr Publikum möchte, daß Sie erfolgreich sind. Die Vortragsteilnehmer sind doch gekommen, weil sie etwas lernen oder erfahren wollen. Ihr Erfolg liegt also ganz im Interesse der Zuhörer. Die meisten Teilnehmer fühlen eine unbewußte Solidarität mit dem Redner, und ihr Verhalten tendiert dahin, ihn bei auftretenden Schwierigkeiten zu unterstützen.

Sie sollten sich vor Augen halten, daß das Publikum aus Individuen besteht, die Ihnen gar nicht so unähnlich sind. Leider betrachten viele Redner das Publikum als unpersönliche Masse, und das macht ihnen noch mehr Angst. Diese Tendenz verschlimmert sich, je größer eine Gruppe ist. Gleichgültig wie groß Ihre Gruppe ist, denken Sie daran, daß sie einfach aus Menschen besteht. Lassen Sie sich also niemals durch Ihr Publikum einschüchtern. Wenn Sie feststellen, daß Sie diese Sichtweise verlieren, dann stellen Sie sich Ihre Zuhörer auf einem Schulfoto vor, wie sie wohl als Erstkläßler ausgesehen haben mögen. Auf diese amüsante Weise überwinden Sie mit Sicherheit alle Einschüchterungsversuche.

Bedenken Sie auch, daß Sie sich als Redner in einer eindeutigen Führungsposition gegenüber den Zuhörern befinden. Genießen Sie dieses Gefühl! Sie sind als Redner eingeladen worden, die Leitung zu übernehmen; wenn Sie sich darauf einlassen, erlangen Sie für die Dauer Ihres Vortrags eine dynamische und einflußreiche Position.

Wenn Sie vor einer Gruppe stehen, ist Ihr Zeitempfinden dadurch, daß das Adrenalin durch Ihren Blutkreislauf schießt, verändert. Die Zeit vergeht schneller, und man verfällt leicht in den Fehler, den kleinsten Versprecher oder irgendein anderes Mißgeschick extrem überzubewerten. Ihr Publikum hat jedoch ein „normales Zeitempfinden", und was Ihnen als enormer Fehler erscheint, zieht am Publikum oft unbemerkt vorüber.

Denken Sie daran, daß Sie trotz Nervosität fast immer *besser aussehen, als Sie sich fühlen.* Die Teilnehmer in meinen Seminaren über Darstellungsfähigkeit unterschätzen fast ausnahmslos ihre Wirkung bei ihren Probevorträgen. Wenn sie sich und ihre Bemühungen im Anschluß in der Videoaufzeichnung sehen, sind sie häufig angenehm überrascht davon, daß sie besser aussehen als vermutet.

Die einfachste Methode, die Ihnen bei der Bewältigung von Angst hilft, ist die Konzentration auf das Publikum und seine Bedürfnisse zu richten. Übersteigerte Nervosität und Befangenheit nähren sich gegenseitig in einem Teufelskreis. Wenn wir nervös sind, tendieren wir dazu, uns selbst und all unsere Schwächen in den Mittelpunkt zu stellen. Diese negative Sicht verschlimmert die Nervosität nur noch. Wenn Sie jedoch mehr auf Ihr Publikum und die eigene Zielsetzung achten, bleibt Ihnen weder Zeit noch Grund zur Besorgnis.

Sehen Sie einmal Ihr Publikum heiter und zwanglos

Und noch ein letzter Trost: Die meisten Zuhörer erwarten nur ein geringes Vortragsniveau. Sie sind regelmäßig leblosen, wenig fantasievollen Vorträgen ausgesetzt, die sich eintönig und endlos dahinschleppen. Da Sie sich aber um Vortrefflichkeit kümmern – denn schließlich haben Sie ja bis hierher dieses Buch gelesen – werden Sie ohne Zweifel weit über die durchschnittliche Zuhörererwartung hinausgehen.

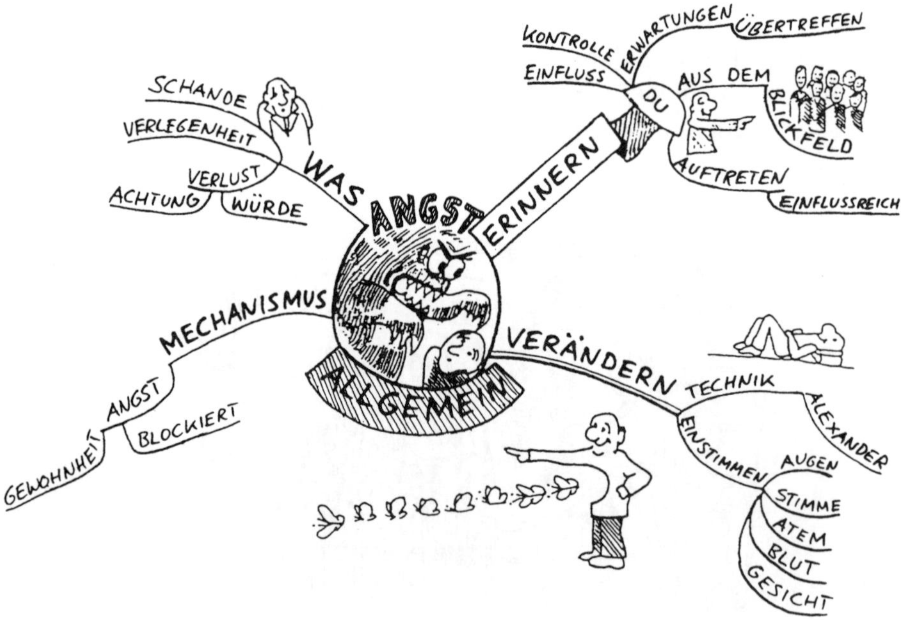

Mind Map des 7. Kapitels

Zusammenfassung

Um Angst überhaupt zu überwinden, müssen Sie erst erkennen, daß dieses Gefühl an sich völlig normal ist. Angst ist eine allgemeine Erscheinung. Der entscheidende Punkt – und darauf können Sie Einfluß nehmen – sind *Ihre* Reaktionen auf Angst. Als Zweites sollten Sie sich mit dem hier beschriebenen Alarm-Mechanismus auseinandersetzen und sich von ihm mit Hilfe der Alexander-Technik und der Übung „Entspannung durch Gleichgewicht" befreien. Drittens sollten Sie sich vor jeder Vortragstätigkeit aufwärmen. Entweder benutzen Sie die in diesem Kapitel beschriebenen Übungen oder erfinden Sie eigene Übungen.

Und vergessen Sie nie die aufbauenden Gedanken:
1. Das Publikum wünscht Ihren Erfolg.
2. Die Zuhörer sind auch nur Menschen.
3. Sie als Redner sind in einer einflußreichen Position.
4. Sie sind höchstwahrscheinlich besser als Sie denken.
5. Sie sind weniger nervös, wenn Sie sich auf die Bedürfnisse Ihrer Zuhörer konzentrieren.
6. Die Erwartungen des Publikums können Sie mit Sicherheit übertreffen.

Der Alarm-Mechanismus hat uns gezeigt, daß Angst sich durch unseren Körper ausdrückt. Mit Hilfe der Alexander-Technik können wir lernen, auf unseren Körper so einzuwirken, daß unsere Angst transformiert wird. Im nächsten Kapitel werden wir die wichtige Rolle, die unser Körper bei der Kommunikation spielt, untersuchen und lernen, Körpersprache am effektivsten einzusetzen.

8

Lassen Sie Ihren Körper sprechen

Derjenige, der weiß, daß Kraft angeboren ist und so erkennt, stürzt sich ohne Zögern auf seine Gedanken, richtet sich sofort auf und steht in aufrechter Position, dirigiert seinen Körper und vollbringt Wunder.

Ralph Waldo Emerson

(...) laßt euer eigenes Urteil euren Meister sein: paßt die Gebärde dem Wort, das Wort der Gebärde an (...)

William Shakespeare, Hamlet
(3. Aufzug, 2. Szene)

Ihre „Körpersprache" – Haltung, Bewegung, Gestik, Blickkontakt und Stimme – hat ungemein großen Einfluß auf Ihr Publikum. Wenn Sie sich an eine Gruppe von Zuhörern wenden, reagieren diese ständig, bewußt oder unbewußt, auf Ihre Körpersprache. Forschungen zeigten, daß 55 Prozent der Wirkung eines Vortrages von Haltung,

Gestik und Blickkontakt abhängen, 38 Prozent von der Klangfarbe und dem Tonfall der Stimme und nur 7 Prozent vom Redeinhalt.[1]

Dennoch führen Gewohnheit oder Angst häufig dazu, daß viele Redner den Körper hinter Podium oder Pult verstecken und sie eigentlich für das Publikum nichts weiter sind als „sprechende Köpfe". Wenn Sie mit der größtmöglichen Wirkung auftreten möchten, müssen Sie nach vorn kommen und entdecken, wie Sie das Beste aus Ihrer Körpersprache machen können.

Eine ablenkende Körperhaltung stört die Einheitlichkeit der Kommunikation. Beispiele hierfür sind eine krumme Haltung, unbewußtes Treten von einem Bein aufs andere, Herumfuchteln mit dem Kugelschreiber, Vermeidung von Blickkontakten und häufige „Ähs" und „Öhs" beim Reden. Im Gegensatz dazu fesseln eine entspannte, aufrechte Haltung, gezielte und nicht zu übermäßige Bewegungen, fließende Gesten, lebendiger Blickkontakt und eine ausdrucksstarke Stimme die Aufmerksamkeit des Publikums und steigern dadurch die Wirkung Ihres Vortrages und dessen Inhalte.

Wenn Ihr Körperausdruck nicht mit dem Redeinhalt übereinstimmt, verlieren Sie an Glaubwürdigkeit. Ein altes chinesisches Sprichwort lautet: „Achtet auf den, dessen Bauch sich beim Lachen nicht bewegt!"

In diesem Kapitel möchte ich Ihnen zeigen wie Sie alle unnötigen und verwirrenden Elemente Ihrer Körpersprache aussondern können und wie Sie Ihren persönlichen Körpereindruck am besten einsetzen.

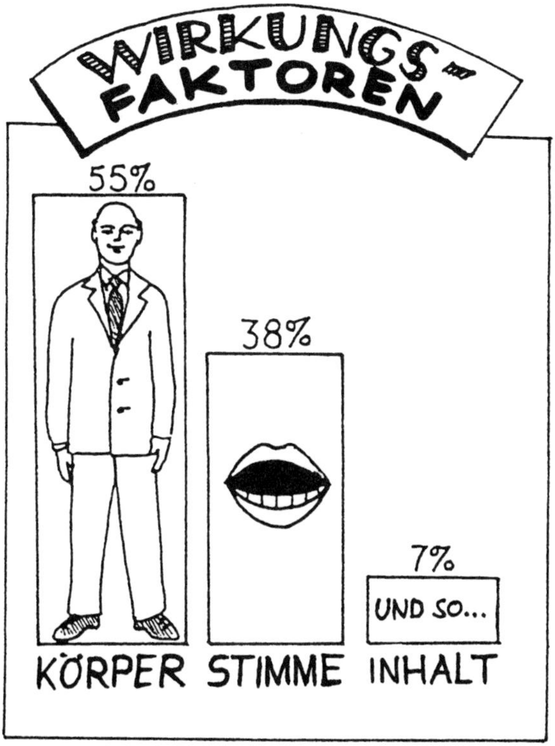

Entwicklung einer verständlichen Körpersprache

Um eine klare Körpersprache zu entwickeln, müssen Sie zunächst erkennen, daß die Hauptelemente der Körpersprache Haltung, Bewegung, Gestik, Blickkontakt und Stimme eng miteinander zusammenhängen. Wenn z. B. Ihre Haltung steif ist, sind auch Ihre Bewegungen verkrampft, Ihre Stimme gepreßt und Ihre Gestik eingeschränkt. Die einzelnen Elemente fallen nicht einmal so sehr ins Gewicht; von einschneidender Bedeutung ist vielmehr die Koordinierung der verschiedenen Körperausdrucksformen mit dem Redeinhalt. Um jedoch die Synchronisierung von Körpersprache und Redeinhalt zu erreichen, müssen wir die einzelnen Elemente von Körpersprache gesondert betrachten.

Die Elemente der Körpersprache

Haltung. Ihre Haltung ist das aussagekräftigste Element Ihrer Körpersprache. Eine gerade, aufrechte Haltung vermittelt den Eindruck von Selbstvertrauen und Einheitlichkeit. Sie drückt aus, daß Sie „auf der Höhe" sind und in Ihrer Mitte ruhen. Die meisten Menschen haben jedoch leider eine lasche, in sich zusammengesunkene Haltung mit hohler Brust und hängenden Schultern oder eine straffe, verkrampfte Haltung mit steifem Hals und hochgezogenen Schultern. Was wird durch diese Haltungen vermittelt?

Eine bejahende, publikumsfreundliche Kommunikation zeigt sich in einer einheitlichen Körperhaltung; sie ist in sich ruhend, aufrecht und entspannt.

Ich kenne keine bessere Möglichkeit, eine solche positive Körperhaltung zu entwickeln, als die in Kapitel 7 beschriebene Alexander-Technik und die Übung „Entspannung durch Gleichgewicht". Man kann aber auch aus anderen Disziplinen lernen, z. B. aus Kampfsportarten oder anderen Sportarten, bei denen die Übenden lernen, eine Grundstellung als Ausgangspunkt für alle anderen Bewegungen zu benutzen.

Ebenso werden Sie eine Grundstellung für öffentliche Auftritte entwickeln wollen, die als solide Ausgangsbasis für sämtliche Formen der Körpersprache dient.

Die Grundhaltung. Beginnen Sie mit der Übung „Entspannung durch Gleichgewicht". Dann stellen Sie sich vor einen Spiegel, die Füße in Schulterbreite gespreizt voneinander entfernt und die Arme an den Seiten. Stehen Sie aufrecht mit entspannten und lockeren Schultern. Sie haben einen sicheren Stand, der Rücken ist regelrecht „erleichtert". Nehmen Sie das Spiegelbild als Feedback Ihrer aufrechten Haltung und Ihres erfolgreichen Vermeidens unnötiger und unruhiger Bewegungen.

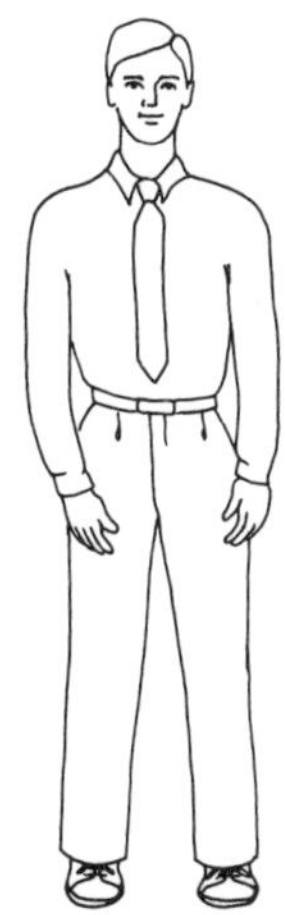

Die Grundhaltung

Wenn Sie mit dieser Grundhaltung vertraut sind, können Sie damit beginnen, sie auch in lockeren Unterhaltungen einzunehmen.

Diese einfache Haltung ist wirkungsvoll, wie Ihnen unglaublich viele Schauspieler, die sie jahrelang praktiziert haben, bestätigen werden. Sie drückt Selbstvertrauen und Kraft aus. Ihre Zuhörer sind aufmerksamer und beteiligen sich mehr, wenn Sie in dieser ruhigen und würdevollen Haltung vor ihnen stehen.

Bewegung. Durch die einheitliche Grundhaltung als Ausgangspunkt sind Sie in der Lage, sich Ihrer weiten Möglichkeiten, mit Körpersprache zu kommunizieren, deutlich bewußt zu werden. Das Publikum wird durch all Ihre Bewegungen entweder abgelenkt oder angezogen. Unnötige, unbewußte Bewegungen wie z. B. Schwanken, Schaukeln oder unruhiges Umhergehen verärgert das Publikum und lenken es ab. Um sich von diesen schlechten Angewohnheiten zu befreien, müssen Sie ein klares Bewußtsein dafür entwickeln. Am besten helfen dabei Videoaufnahmen, zur Not tun es auch große Spiegel. Je weiter Ihr Bewußtsein fortgeschritten ist, desto leichter fällt Ihnen eine natürliche und ausdrucksstarke Bewegung.

Wenn Sie sich entspannt und im Einklang mit dem Inhalt Ihrer Rede bewegen, aktivieren Sie nicht nur Ihr Publikum, sondern bewahren sich auch davor, sich zu verspannen, wie es einem oft passiert, wenn man zu lange auf dem gleichen Platz sitzt oder steht. Sinnvoll und natürlich wäre z. B. eine auf das Publikum hin gerichtete Bewegung, wenn man einen Sachverhalt betonen will, und eine den Zuhörern abgewandte Bewegung, wenn diese gerade mit einer Frage beschäftigt sind, die Sie ihnen gestellt haben.

Alle Ihre Bewegungen sollten überlegt und gezielt sein. Wenn Sie nicht wissen, wie oder in welche Richtung Sie sich bewegen sollen, nehmen Sie wieder die Grundstellung ein.

Gestik. So wie der Dirigent mit seinem Stab das Orchester zu einem einheitlichen Klang koordiniert, können Sie durch Ihre Gestik den Inhalt Ihrer Rede den Gehirnen Ihrer Zuhörer nahebringen. Wenn Sie Gesten zum Inhalt passend einsetzen, eröffnen Sie sogar noch eine weitere „Wellenlänge", über die Ihre Zuhörer Ihre Botschaft empfangen.

Gesten können enorm einflußreich sein. Den ungeteilten Vorteil erlangen Sie allerdings nur, wenn Sie unnötige Gesten vermeiden, weil diese dem eigentlichen Redeinhalt die Wirkung nehmen. Beispiele hierfür sind Gewohnheiten wie mit dem Kugelschreiber herumspielen, auf den Tisch trommeln, Hände reiben, nervös an den Haaren fingern oder in der Hosentasche mit Kleingeld klimpern.

Ihre Gesten müssen natürlich, klar und ausdrucksstark sein. Der Versuch, Gesten einzustudieren, ist zum Scheitern verurteilt, da effektive Kommunikation durch Gestik vom Wesen her spontan und authentisch ist. Gesten müssen ganz selbstverständlich von innen heraus entstehen. Sie können nicht von außen aufgesetzt werden. Menschen mit einem angelernten Repertoire an Gesten wirken stets roboterhaft, geschraubt und unecht.

In meinen Seminaren helfe ich den Teilnehmern immer, das eigene Repertoire an Gesten zu erschließen. Eines meiner Lieblingsbeispiele handelt vom Manager einer großen schwedischen Reederei. Bei der Beschreibung des größten Tankers seiner Firma hielt er die Hände ungefähr fünf Zentimeter voneinander entfernt. Einem schüchternen Menschen wie ihm erscheint die Fünf-Zentimeter-Geste wahrscheinlich riesengroß und ausreichend als sinnvolle Beschreibung eines großen Schiffs. Hätte man ihn darauf hingewiesen, daß die Geste lächerlich klein war und ihn dazu gedrängt, die Hände weiter auseinanderzuhalten, hätte er sich vermutlich unbehaglich gefühlt und einen noch geschraubteren Eindruck hinterlassen. Ich forderte ihn auf, in der Videoaufzeichnung die Übereinstimmung von Gestik und Mitteilung zu überprüfen. Sein spontanes Lachen verriet, daß er die Unzulänglichkeit seiner Gestik erkannte. Er versuchte es erneut mit einer doppelt so großen Handbewegung, konnte damit aber den Stolz der Flotte immer noch nicht ausreichend beschreiben, wie er selbst im Videofilm nachprüfen konnte. Nach einigen weiteren Versuchen hielt er beide Arme weit auseinander und sagte mit dröhnender Stimme: „Wir haben wirklich einen gewaltigen Tanker!“ Die Reaktion seiner Kollegen erfolgte sofort: sie applaudierten begeistert.

Mit den nachstehenden Übungen, die ich in meinen Seminaren anwende, können Sie spielerisch experimentieren, um Ihre Ausdruckskraft zu entwickeln. Am besten üben Sie vor dem Spiegel oder mit einer Videokamera.

Probieren Sie unterschiedliche Gesten zu folgenden Sätzen aus und bilden Sie Ihren eigenen Kontext dazu.

Sprechen Sie jeden Satz laut aus, während Sie die passenden Gesten dazu machen. Und nun viel Spaß!

- *Heute werde ich über drei wesentliche Punkte sprechen.*

- *Wir werden dieses Projekt von Grund auf entwickeln.*

- *Wenn Sie dem zustimmen, heben Sie bitte die Hand.*

- *Jetzt stehen wir alle auf und machen einige Streckübungen.*

- *Wir verkaufen das größte industrielle System für den kleinsten Preis.*

- *Sie stellte es 20 Zentimeter unterhalb der linken, oberen Ecke der Rückwand auf, etwa dort, wo er es gestern aufstellte.*

Und nun zum anspruchsvollen Teil der Übung. Sagen Sie den folgenden Text laut auf und versehen Sie ihn mit lebendigen Gesten:

Dies ist die wahre Freude im Leben: für ein Vorhaben gebraucht zu werden, das du selbst als ein Großes erkennst; gänzlich ausgelaugt und unbrauchbar zu sein, bevor du zum alten Eisen geworfen wirst; eine Naturkraft zu sein, statt ein fiebriges, selbstbezogenes Klümpchen voll Leid und Unpäßlichkeiten, das sich beschwert, weil die Welt sich nicht aufopfert, um dich glücklich zu machen.

George Bernard Shaw

Niemand, der wie ich die schlechtesten dieser halb gezähmten Dämonen, die der menschlichen Brust innewohnen, heraufbeschwört und mit ihnen zu ringen trachtet, kann erwarten, diesem Kampf ohne Schaden zu entkommen.

Sigmund Freud

Seid so gut und haltet die Rede, wie ich sie euch vorsagte, leicht von der Zunge weg (…) Sägt auch nicht zu viel mit den Händen durch die Luft, so – sondern behandelt alles gelinde. Denn mitten in dem Strom, Sturm und, wie ich sagen mag, Wirbelwind eurer Leidenschaft müßt ihr euch eine Mäßigung zu eigen machen, die ihr Geschmeidigkeit gibt. (…) Seid auch nicht allzu zahm, sondern laßt euer eignes Urteil euren Meister sein: paßt die Gebärde dem Wort, das Wort der Gebärde an (…)

William Shakespeare,
Hamlet (3. Aufzug, 2. Szene)

Zusätzlich zu diesen Übungen, die Sie bei Bedarf noch erweitern können, nehmen Sie jede Gelegenheit wahr, im Alltag Gesten auszuprobieren. Beobachten Sie andere Menschen und achten Sie auf das Verhältnis zwischen effektiven und unsinnigen Gesten. Schauen Sie fern und zwar ohne Ton. Spielen Sie Theater. Die beste Übung ist jedoch das Erlernen der Zeichensprache, mit der sich taube Menschen verständigen. Und zum Schluß versuchen Sie, den ganzen Vortrag einfach ohne Worte zu referieren!

Blickkontakt. Stellen Sie sich vor, daß Sie an einer Ampel stehen und abbiegen wollen. Auf der Spur daneben versucht der Fahrer, mit Ihnen in Blickkontakt zu treten; er will in Ihre Spur wechseln. Wenn sich ihre Augen tatsächlich treffen, sind seine Chancen äußerst groß, daß Sie ihn vorlassen (es sei denn, Ihnen ist kurz vorher eine Laus über die Leber gelaufen).

Blickkontakt ist ein menschliches Element in unserer oft unpersönlichen Welt. Er ist entscheidender Aspekt bei der Kommunikation und deshalb auch ein wichtiger Teil jeder gelungenen Vortragstätigkeit.

Blickkontakt sollte ein einfacher, natürlicher Ausdruck Ihres Interesses am Publikum sein. Mittels Blickkontakt nehmen Sie ständig wahr, ob Ihr Publikum aufmerksam zuhört und alles, was Sie mitteilen wollen, versteht. Jeder einzelne fühlt sich dadurch persönlich angesprochen und einbezogen. Der Blickkontakt mit den Zuhörern erhöht deren Aufmerksamkeit.

Wie ich schon im vorangegangenen Kapitel erwähnte, haben Referenten häufig die falsche Vorstellung, das Publikum sei eine unpersönliche Masse und Blickkontakt mit einzelnen Individuen daher unmöglich. Die Unfähigkeit, mit den Augen Kontakt herzustellen, kann aber auch darauf beruhen, daß man Angst oder mangelndes Selbstvertrauen hat oder aber, daß man mehr an sich selbst als an das Publikum denkt.

Sie können die Ihnen angeborene Fähigkeit, sich durch Augensprache zu verständigen, durch folgende Übungen entfalten:

• Schauen Sie in den Spiegel und drücken Sie allein durch Ihre Augen folgende Emotionen aus:

Überraschung, Wut, Zweifel, Hinterlist, Eindringlichkeit, Liebe, Verwirrung, Vertrauen, Ironie, Langeweile, Angst, Verspieltheit, Aufrichtigkeit, Verwunderung.

Machen Sie diese Übung am besten zu zweit. Erraten Sie, welcher Augenausdruck zu welchem Gefühl gehörte. Sie können die Übung beliebig erweitern – und viel Spaß dabei haben.

• Versuchen Sie, bei alltäglichen Gesprächen Augenkontakt aufzunehmen, und ein wenig länger als gewöhnlich zu halten. Eines sollten Sie dabei allerdings nicht vergessen: die Qualität Ihres Blickes ist wichtiger als die Dauer.

• Stellen Sie mit möglichst vielen Leuten Augenkontakt her, wenn Sie einen Raum betreten. Dies ist besonders vor einem Vortrag wichtig.

• Während der Vortragstätigkeit sollten Sie regelmäßig Augenkontakt mit der freundlichsten Person links, rechts und in der Mitte des Raumes herstellen. Dadurch fühlen Sie sich beim Augenkontakt sicherer und es fällt Ihnen leichter, mit weiteren Zuhörern in Kontakt zu treten. Das Üben von Augenkontakt hilft Ihnen auch, die Versuchung zu überwinden, sich von einem einzigen freundlichen

Augenpaar einfangen zu lassen und so den ganzen Vortrag nur an eine Person im Raum zu richten.

• Sobald Ihr Vertrauen wächst, können Sie sich daran wagen, regelmäßigen Kontakt mit den am unfreundlichsten aussehenden Personen auf beiden Seiten und in der Mitte des Raumes aufzunehmen. Versuchen Sie während Ihres Vortrags, diese Personen durch Augenkontakt aus der Reserve zu locken.

Mehr als Ihr übriges Verhalten spiegelt Blickkontakt Ihr Interesse am Publikum wieder. Er bestimmt die Qualität Ihrer Beziehung zu den Zuhörern und der Verständigung mit ihnen.

Stimme. Forschungen haben ergeben, daß die Art und Weise, wie die Stimme eingesetzt wird, einen beträchtlichen Einfluß auf die Vortragswirkung hat.[2] Sie ist Ihr wichtigstes Kommunikationswerkzeug und kann ungeheuer ausdrucksstark sein. Allein durch Ihre Stimme können Sie viele Bedeutungsnuancen mitteilen. Bedenken Sie, welche Fülle von Information allein schon durch die Klangfarbe des ersten Wortes am Telefon übermittelt werden.

Ihre Stimme sollte ebenso wie Ihre Haltung, Gestik, Bewegungen und Blickkontakt natürlich, klar und ausdrucksstark sein. Sie können die Qualität Ihrer Stimme optimieren, indem Sie überflüssige Elemente erkennen lernen und diese gezielt aus Ihrem Stimmgebrauch streichen. Hierzu müssen Sie als erstes lernen, wie man Pausen einlegt.

Pausen. Große Musiker haben oft betont, daß es nicht so sehr auf die Art und Weise ankommt, *wie* eine Note gespielt wird, sondern daß der leere Raum, die Pause zwischen zwei Tönen, das Entscheidende ist. Das gleiche gilt auch für die Sprechstimme. Pausen sind ein natürlicher Bestandteil der Sprache. Trotzdem füllen viele Redner aus Angst oder Unsicherheit Pausen mit überflüssigen, störenden Redefloskeln oder Verlegenheitslauten. Ein wirkungsvoller, ausdrucksstarker Sprachrhythmus aber ist gekennzeichnet durch häufige und wirkliche Pausen. *Das vordringlichste Lernziel, um das Beste aus Ihrer Stimme zu machen, ist deshalb die Fähigkeit, Pausen richtig zu setzen.*

Sprechpausen geben Ihnen die Möglichkeit, darüber nachzudenken, was Sie als nächstes sagen möchten und wie Sie es an das gerade Gesprochene anschließen können. Sie können einmal tief durchatmen und sich wieder sammeln. Ihre Zuhörer haben dafür die Möglichkeit, den Sinn Ihrer Worte richtig aufzunehmen und entspannt zu bleiben. Darüber hinaus weckt eine angemessene Pause Aufmerksamkeit und Interesse beim Publikum.

Beim Umgang mit Pausen müssen Sie sich zunächst vergegenwärtigen, daß die Zuhörer diese kurzen Einschnitte begrüßen. Zweitens sollten Sie keine Angst vor der Stille haben, die eine wirkliche Pause ausmacht. Denken Sie daran, daß Ihr erhöhter Adrenalinspiegel Ihr Zeitgefühl dahingehend verändert, daß eine Pause, die Ihre Zuhörer kaum wahrnehmen, Ihnen wie eine Ewigkeit erscheint. Machen Sie Sprechübungen auf Tonband: Proben Sie Pausen unterschiedlicher Länge, lassen Sie Floskeln und Verlegenheitslaute weg und vergessen Sie nicht, ruhig zu atmen. Hören Sie dann Ihre Stimme auf dem Band an, um ein Gefühl für richtig gesetzte Pausen zu entwickeln.

Pausen und Sprech-Tempo. Viele Redner sprechen zu schnell und werden sogar schneller, je weiter sie mit dem Vortrag gekommen sind. Diese Temposteigerung führt dazu, daß sie schlecht artikulieren, Worte undeutlich aussprechen oder verschlucken und den Kontakt mit dem Publikum verlieren. Zu schnelles Sprechen wird normalerweise verursacht durch Nervosität und Aufregung. Auch wenn die Zeit drängt: Lassen Sie sich nicht antreiben. Wenn Ihnen die Zeit davonrennt, streichen Sie lieber weniger wichtige Vortragspunkte, statt die Redegeschwindigkeit zu erhöhen. Was immer auch die Ursache für zu schnelles Sprechen sein mag, regelmäßige Pausen einzulegen, ist das beste Mittel dagegen. Pausen bieten Ihnen die Möglichkeit, Atem zu holen und sich neu zu konzentrieren; sie erleichtern es Ihnen, sich die Zeit zu nehmen, die Sie brauchen.

Die große Opernsängerin Nellie Melba sagte einmal, daß die Stimme auf drei Arten benutzt werden kann: Sie kann zurückgehalten oder herausgezwungen werden, aber sie kann dem Publikum auch leicht und angenehm dargeboten werden. Zusätzlich zum Einlegen von Pausen gibt es einige weitere wichtige Punkte, die Ihnen dabei helfen, Ihre Stimme ungezwungen und wohltuend einzusetzen.

Klangfarbe und Tonfall. Ihre Stimme ist ein Instrument von natürlicher Ausdruckskraft. Diese Ausdruckskraft lebt von der Veränderung von Klangfarbe und Tonfall Ihrer Stimme. Die natürliche Veränderung zu unterdrücken, führt zu einer Monotonie, die tödlich ist – der beste Weg, Ihr Publikum zum Einschlafen zu bringen. Es ist der Weg, sich der eigenen Angst gegenüber unempfindlich zu machen, statt sich mit ihr auseinanderzusetzen und die stärkende Energie der Angst als eine ausdrucksvolle Kraft zu nutzen.

Ein anderer weit verbreiteter Fehler, der die natürliche Ausdruckskraft zerstört, ist ein unechter und aufgesetzter Tonfall in der Stimme. Nervosität führt bei Referenten oft dazu, überzogen und künstlich zu sprechen und sie versuchen krampfhaft, einen bestimmten Eindruck zu hinterlassen. Ironischerweise passiert genau das Gegenteil: Je mehr man z. B. versucht, autoritär zu klingen, desto mehr wird dem Publikum der Mangel an Vertrauen in die eigene Autorität vermittelt. Weitere Beispiele hierfür sind Versuche vom Redner, freundlich, aufrichtig oder tiefschürfend zu erscheinen.

In vielen Fällen wird die Verzerrung der Stimme durch eine chronische Kieferverspannung verursacht und festgeschrieben. Das Kiefergelenk ist bei vielen Menschen ein sehr streßempfänglicher Punkt des Körpers. Seinen Kiefer zu „befreien“ ist deshalb wesentlich für eine freie Stimme. Die folgenden Übungen werden Ihnen dabei helfen, Kieferverspannungen bewußter wahrzunehmen; dabei verbessern Sie gleichzeitig Ihr natürliches Gefühl für Klangfarbe und Tonfall.

• Lesen Sie zuerst folgenden Text, während Sie die Spannung in Ihrem Kiefer übertreiben. Achten Sie sorgfältig auf den Klang Ihrer Stimme beim Lesen. Am besten Sie nehmen das ganze auf Tonband auf.

Dreißig Speichen umgeben eine Nabe:
In ihrem Nichts dient sie dem Wagens zum Nutzen.
Man höhlet den Ton und bildet ihn zu Töpfen:
In ihrem Nichts besteht der Töpfe Nutzen.
Man gräbt Türen und Fenster, damit die Kammer werde:
In ihrem Nichts besteht der Kammer Nutzen.
So hilft uns, was nicht ist,
und ist uns durch Nichts zu Nutzen.

Lao Tse, Tao Te King

Legen Sie als nächstes den Zeigefinger für 30 Sekunden zwischen die oberen und unteren Backenzähne einer Mundseite. Lassen Sie dann den Unterkiefer locker absinken ohne den Finger zuhilfe zu nehmen und halten Sie diesen Zustand 30 Sekunden. Diese Übung wird Ihnen helfen, das natürliche Absinken des Kiefers beim Entspannen der Kiefermuskeln zu entdecken. Vielleicht kommen Sie sich beim ersten Mal idiotisch vor. Üben Sie regelmäßig, bis es Ihnen bequem und natürlich erscheint, Ihren Kiefer auf diese Weise loszulassen.

• Halten Sie Ihr Kinn fest und schieben Sie eine Minute lang den Kiefer leicht nach oben und unten. Achten Sie darauf, daß Sie wirklich nur den Kiefer bewegen und den Kopf dabei still halten.

• Lesen Sie jetzt das Zitat von Lao Tse noch einmal und achten Sie auf den Unterschied in Ihrer Stimmqualität.

Die regelmäßige Anwendung dieser Kieferentspannungsübung verhilft Ihrem natürlichen Gefühl für die Klangfarbe und Tonfall zum Durchbruch. Durch folgende Übungen können Sie die Ausdruckskraft Ihrer Stimme testen.

Sagen Sie „Hallo“ und drücken Sie dabei folgende Gefühle aus: Überraschung, Ärger, Zweifel, Faszination, Eindringlichkeit, Liebe, Verwirrung, Vertrauen, Ironie, Langeweile, Angst, Verspieltheit, Aufrichtigkeit, Verwunderung.

• Wiederholen Sie diese Übung, verwenden Sie dabei den Satz „Der Bericht ist am Dienstag fällig“.

Der fortgeschrittenere Übungsteil besteht darin, alle oben aufgeführten Gefühle bei der Rezitation des folgenden Textes, auszudrücken:

Hab mehr als du zeigst,
sprich weniger als du weißt,
leihe weniger als du besitzt,
reite mehr als du gehst,
höre mehr als du glaubst,
setze weniger als du wirfst
(...)
und du wirst mehr haben
als zwei Zehner auf zwanzig.

William Shakespeare
König Lear, (1. Akt, 4. Szene)

Üben Sie am besten zu zweit und versuchen Sie herauszufinden, welches Gefühl der andere jeweils ausdrücken will. Ergänzen Sie das Übungsmaterial kreativ und spielerisch.

Lautstärke. Um Ihre Ausdrucksfähigkeit ganz zu nutzen, versichern Sie sich, daß Ihr Publikum Sie auch hören kann. Wenn Sie nicht sicher sind, ob Sie wirklich gehört werden oder ob Sie vielleicht sogar zu laut sprechen, dann fragen Sie einfach die Zuhörer und verändern Ihre Lautstärke entsprechend. Ein Heben oder Senken der Stimme an den textlich passenden Stellen ist besonders wichtig für Ihren wirkungsvollen Auftritt. Es erlaubt Ihnen einen größeren Spielraum, das worauf es Ihnen ankommt, besonders zu betonen und Ihre Ausdrucksmöglichkeiten zu erweitern.

Benutzen Sie die folgende Übung, um auszuprobieren, wie Sie die Klangfarbe Ihrer Stimme angemessen verändern können. Achten Sie beim Üben darauf, welche Auswirkungen die Lautstärke auf die Ausdruckskraft Ihrer Stimme hat.

Lesen Sie nun das folgende Gedicht vier Mal in unterschiedlicher Lautstärke:

1. im Flüsterton;
2. im gewöhnlichen Sprechton;
3. so, als ob Sie zu einer Gruppe von zehn Personen sprechen würden;
4. so, als ob Sie zu einer Gruppe von 50 Personen sprechen würden.

Noch ein Tip: Sprechen Sie frei und locker, strapazieren Sie nicht Ihre Stimme.

Erwecke jeden Satz mit einer leichten Pause.
Sprich jeden Abschnitt mit Klang und Modulation;
und sag jedes Wort so, daß man es hört!

Unbekannter Verfasser

Zusätzlich zu den hier dargestellten Übungen können Sie auch durch Singen, durch das Lernen von Sprachen und durch das Nachahmen von Dialekten eine größere Flexibilität und Ausdruckskraft in Ihrer Stimme entwickeln.

Übereinstimmung von Körper und Rede

Nachdem ich Ihnen die einzelnen Elemente von Körpersprache vorgestellt habe, möchte ich sie nun zusammenfassen. Achten Sie einmal darauf, wie sich verschiedene Gesten auf den Tonfall Ihrer Stimme auswirken, oder wie die Haltung Ihre Bewegungen und den Blickkontakt mit dem Publikum beeinflußt. Versuchen Sie irgendeine der oben vorgestellten Übungen und achten Sie dabei auf die Koordination aller beschriebenen Elemente Ihrer Körpersprache.

Das wichtigste von allen in diesem Kapitel diskutierten Elementen ist die Körperhaltung. Eine ausbalancierte, aufrechte Haltung öffnet Ihre Stimme und ermöglicht Ihnen freie Bewegungen und Gesten und eine größere Lebendigkeit, was wiederum den Augenkontakt mit dem Publikum fördert. Machen Sie sich bewußt, daß Sie, wenn Sie an einem einzelnen Element von Körpersprache arbeiten, auch alle anderen verbessern.

Das Allerwichtigste ist aber, daß eine synchrone Übereinstimmung zwischen Ihrer Körpersprache und dem Redeinhalt besteht. Wenn Ihre Worte etwas anderes mitteilen als Ihre Körpersprache, zeigen Sie dem Publikum ein Bild der Verwirrung, der Unaufrichtigkeit oder sogar des Betrugs. Walter Mondale z. B. versuchte in der Debatte mit Präsident Reagan, dadurch zu überzeugen, daß er besondere Betonung auf die Landesverteidigung legte. Mondale war ganz klar von seinen Beratern darauf eingestellt, das Wort „Stärke“ oft zu gebrauchen und dabei jedes Mal mit der Faust auf den Tisch zu schlagen. Unvorteilhaft für die Demokraten war aber, daß Mondales Faustschläge auf den Tisch schwächlich und wenig überzeugend waren, zumal seine Stimme brüchig klang und sein Blick einen leichten Widerwillen ausdrückte. Diese Unstimmigkeiten zwischen Körpersprache und Redeinhalt war die Hauptursache für seine Niederlage gegen den „großen Schauspieler“ Reagan. Die Politik bietet viele amüsante Gelegenheiten, Abweichungen zwischen Körpersprache und Redeinhalt zu beobachten.

Die Beobachtung von Vertretern oder Verkäufern bietet eine weitere faszinierende Möglichkeit, die Bedeutung der Übereinstimmung von Körpersprache und Redeinhalt zu studieren. Verkäufer werden allzu oft als unehrlich oder schlitzohrig eingestuft. Beide Eigenschaften beziehen sich auf einen grundlegenden Mangel an Integrität, der sich durch ihre Körpersprache ausdrückt. Gute Verkäufer wissen, daß das wahre Erfolgsgeheimnis ihres Berufs darin besteht, von sich selbst und der Qualität ihres Produktes überzeugt zu sein. Diese Überzeugung wird ausgedrückt durch die Integrität ihrer Körpersprache. Der einzige Weg, eine synchrone Übereinstimmung von Körpersprache und Redeinhalt zu erreichen, ist Ehrlichkeit gegenüber sich selbst und dem Publikum. Für Aufrichtigkeit gibt es keinen Ersatz.

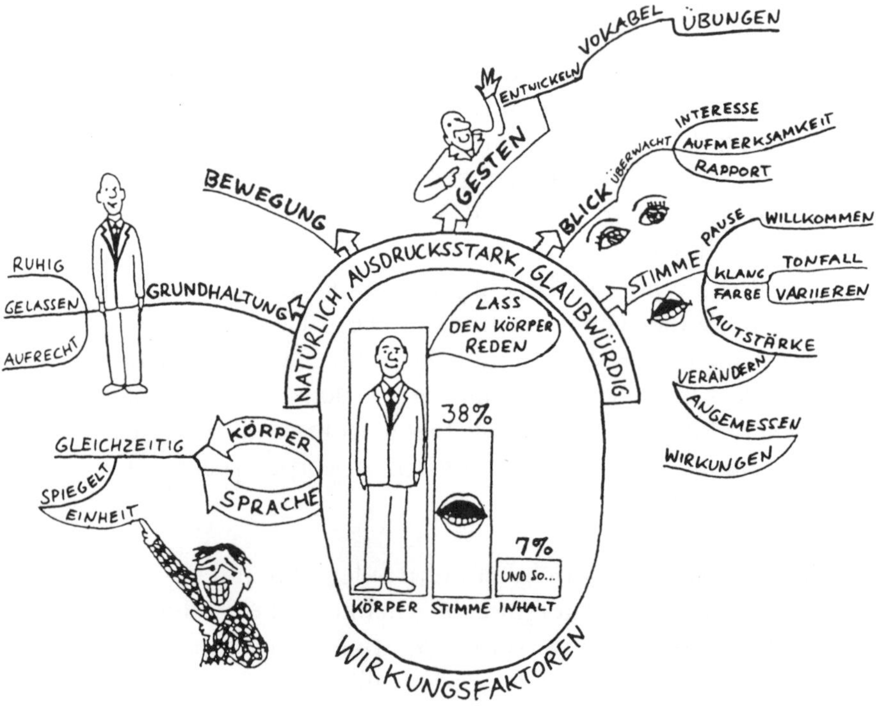

Mind Map des 8. Kapitels

Zusammenfassung

Die Informationen und Übungen dieses Kapitels sind dazu bestimmt, Ihnen zu helfen. Eine ausbalancierte, aufrechte Haltung, dynamische Bewegungen, belebende Gesten, ein lebendiger Blick und eine ausdrucksstarke Stimme sind Ihnen von Geburt an gegeben. Wie in diesem Kapitel immer wieder betont wurde, können Sie sich Ihre natürliche Ausdrucksfähigkeit am ehesten dadurch wieder erschließen, daß Sie alle unnötigen Elemente weglassen, die Ihre persönliche Lebendigkeit behindern. Dies wird von selbst passieren, wenn Sie sich so häufig wie möglich auf diese Erfahrung einlassen und den Mut entwickeln, authentisch zu sein.

Michelangelo schuf einige seiner berühmtesten Skulpturen, indem er die perfekte Form innerhalb des Steins erkannte. Alle Informationen und Übungen in diesem Buch sind dazu bestimmt, daß Sie vollständig aus sich herausgehen und sich in der einfachsten und natürlichsten Weise darstellen können. Sie haben nun alle Mittel in der Hand, die Sie benötigen, um den Gipfel an Vertrauen und Selbstsicherheit zu erreichen.

Nehmen Sie alle besprochenen Einzelaspekte aus diesem Buch und machen Sie sie zu einer Einheit.

Ihr Publikum wartet darauf, Sie zu sehen und zu hören. Zeigen Sie sich von Ihrer besten Seite – Sie haben nun alles für ein überzeugendes und sicheres Auftreten!

Im nächsten Kapitel werde ich Ihnen einige Hinweise geben, wie Sie Ihre Entwicklung als Redner weiter fördern können.

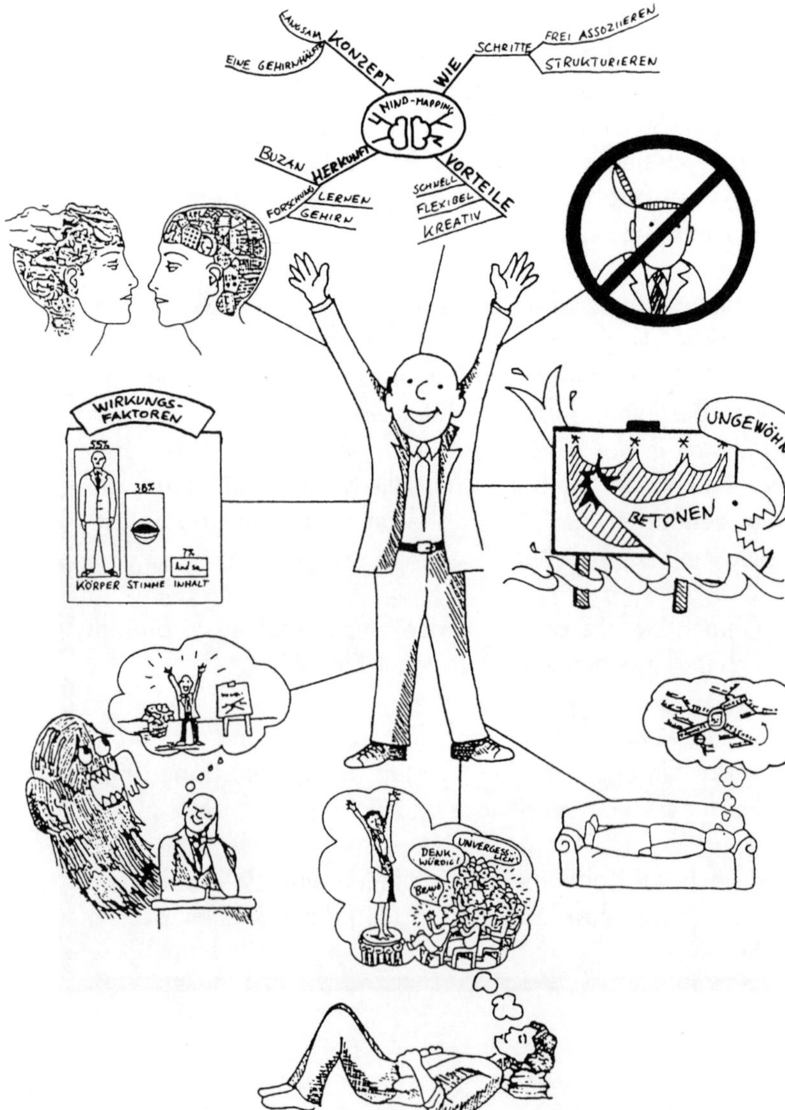

Mind Map Zusammenfassung von „Sich selbst präsentieren"

9

Von Mal zu Mal besser

Um erfolgreich zu werden, muß man seine Fehlerquote verdoppeln.

Thomas Watson, Präsident
und Gründer der IBM

Kurz vor seinem Tod vollendete Auguste Renoir sein allerletztes Gemälde. Seine letzten Worte auf dem Sterbebett waren: „Ich glaube, allmählich fange ich an, etwas (von Kunst) zu verstehen." Renoir besaß jene innere Einstellung, die allen wahren Künstlern eigen ist, nämlich die lebenslange Verpflichtung, Neues zu lernen.

Je mehr Wissen und Erfahrung man auf einem bestimmten Gebiet gesammelt hat, desto einfacher wird es, Neues hinzuzulernen. Während Ihr Wissen und Ihre Erfahrung größer werden, erschließt sich Ihnen gleichzeitig ein Bewußtsein, was es noch alles zu lernen gibt. Deshalb sind weise Menschen häufig so bescheiden und demütig.

Wo auch immer Sie momentan in Ihrer Entwicklung als Redner stehen, es gibt noch mehr, was Sie lernen können und ein unbegrenztes Potential an Möglichkeiten der Vervollkommnung. Um Ihr eigenes Potential vollständig nutzen zu können, muß es Ihnen wirklich wichtig sein, von Mal zu Mal besser zu werden, so daß Sie eine innere Verpflichtung spüren, Ihre Leistungen bei jedem Ihrer Auftritte weiter zu vervollkommnen.

Dieses Kapitel zeigt Ihnen einige einfache Strategien, die Ihre Entwicklung zum erstklassigen Referenten und Redner weiterführen.

Der Weg zu herausragender Leistung

Pflegen Sie positive Visualisierungen. Stellen Sie sich vor, Sie seien ein Vortragsexperte und verbessern und verfeinern Sie regelmäßig Ihre Visualisierung von herausragenden Leistungen. Halten Sie immer Ausschau nach allem, was Ihre Fähigkeiten, sich herausragend darzustellen, vergrößern könnte. Studieren Sie so oft es nur geht die Auftritte von besonders guten Rednern. Verwenden Sie alles, was zur Aktualisierung und Bereicherung Ihres Vortrags beitragen könnte: Informationen, Geschichten, literarische Hinweise, Gleichnisse und Filme u. ä.

Nehmen Sie jede Gelegenheit zu öffentlichen Auftritten wahr. Üben Sie, so oft Sie die Möglichkeit dazu haben. Erfahrung läßt sich durch nichts ersetzen. Erzählen Sie Ihren Freunden Geschichten und Witze.

Führen Sie Gespräche mit jedem, der Interesse zeigt. Besuchen Sie Rhetorik-Seminare.

Versuchen Sie, ausreichendes Feedback zu bekommen. Denken Sie daran, wie ein Baby lernt. Es nimmt alle Eindrücke mit Begeisterung und Staunen auf und transformiert „Fehler“ sofort in Lernerfahrungen; es lernt so mit bemerkenswerter Schnelligkeit, ohne dabei das Selbstvertrauen zu verlieren. Entwickeln auch Sie diese aufgeschlossene, innere Haltung dem Lernen gegenüber und bitten Sie nach jedem Auftritt um ein Feedback.

Versuchen Sie stets herauszufinden, welche Wirkung Sie beim Publikum hinterlassen haben. Falls möglich, verteilen Sie Fragebögen, sprechen Sie nach dem Vortrag mit einigen Zuhörern oder bitten Sie gute Freunde und Arbeitskollegen, Ihren Vortrag anzuhören und danach detailliert ihre Eindrücke zu äußern. Präzise Kritik ist das größte Geschenk, das Ihnen gemacht werden kann.

Um zu einem qualitativ guten Feedback zu kommen, schließen Sie sich am besten mit einem engen Freund oder Kollegen zusammen, der ähnlich hohe Ansprüche an gute Präsentationen stellt wie Sie selbst. Ich selbst wende dieses System seit über zwölf Jahren mit großem Erfolg an. Nehmen Sie wechselseitig an möglichst vielen Vorträgen des anderen teil und machen Sie sich ausführliche Anmerkungen zu jedem Auftritt. Sie können dazu das im nächsten Kapitel vorgestellte Vortragstagebuch benutzen.

Planen Sie eine Zeit, in der Sie Beobachtungen und Kritik austauschen können, und halten Sie sich an folgenden

Ablauf. Bitten Sie Ihren Partner, mit den Punkten anzufangen, die seiner Meinung nach verbesserungswürdig sind. Die Kritik sollte schonungslos offen, objektiv und detailliert sein. Hören Sie sich die Kritik an und machen Sie sich dabei Notizen, aber versuchen Sie nicht, etwas zu erklären oder sich zu verteidigen. Sie dürfen Ihren Partner nur unterbrechen, um Verständnisfragen zu stellen. Diese Form des Zuhörens ermöglicht Ihnen, ein ungewöhnlich aufrichtiges und klares Feedback zu erhalten. Nachdem nun (maximal 15 Minuten) die Schwachpunkte Ihres Vortrages im Mittelpunkt standen, widmen Sie nun die Aufmerksamkeit Ihren Stärken. Auch hier ist es wieder wichtig, nur zuzuhören, und nicht direkt zu antworten, um ein volles Verständnis dafür zu erlangen und wirklich zu verstehen, was Ihnen gut gelungen ist.

Die Feedback-Übung ist enorm nützlich, und wenn Sie sie mit einem aufnahmefähigen und feinfühligen Partner ernsthaft und aufrichtig anwenden, kann sie Ihnen Erkenntnisse über die eigenen Fähigkeiten erschließen, die sonst nicht zu bekommen sind. Wenn Sie Ihre Fähigkeiten, konstruktive Kritik am Vortrag Ihres Partners zu üben, weiterentwickeln, verbessern Sie gleichzeitig Ihr eigenes Modell der positiven Visualisierung.

Führen Sie ein Vortragstagebuch. Verfassen Sie ein Tagebuch, das Ihnen bei der Planung und Einteilung Ihres Vortrags hilft. Benutzen Sie dieses Tagebuch, um vor Ihrem Vortrag Informationen über Zuhörer, Vortragskriterien, Umgebung und Inhalt zu sammeln.

Bewerten Sie nach jedem Auftritt objektiv Ihre Stärken und Schwächen und halten Sie diese Punkte fest. Sie können nachstehende Fragen und Richtlinien als Vorlage benutzen, nach der Sie Ihr eigenes Vortragstagebuch für erstklassiges Auftreten erstellen können. Der regelmäßige Blick in Ihr Tagebuch und das Arbeiten damit wird Ihnen zu einer exzellenten Darstellung verhelfen und Ihre Fortschritte beachtlich beschleunigen.

Vortragstagebuch

A. Vorbereitung

Benutzen Sie diesen Teil zur Vorbereitung Ihres Vortrags, überprüfen Sie ihn anschließend und fügen Sie Bemerkungen an.

- Ein Mind Map des Vortrags.
- Wichtige Daten über das Publikum (Anzahl der Zuhörer, Erwartungen, Geschlechterverteilung, etc.)
- Zielvorstellungen: Woran wird der Erfolg gemessen? (seitens des Veranstalters oder der Zuhörer)
- Mögliche Fragen oder Einwände der Zuhörer.
- Beginn der Redezeit:
- Ende der Redezeit:

- Wer spricht die einleitenden Worte?

- Wer übernimmt die Organisation?

- Ist die Checkliste für räumliche Umgebung und technische Hilfsmittel vollständig?

Checkliste	**Bemerkungen**
• Beleuchtung	________________
• Belüftung und Temperatur	________________
• Einrichtung	________________
• Mikrofon	________________
• Audiovisuelle Ausstattung	________________
• Musik	________________
• Hinweisschilder „Bitte nicht rauchen“	________________
• Grünpflanzen	________________
• Blumen	________________
• Akustik	________________
• Verschiedenes	________________

- Übungen zum Einstimmen für Sie
(Sind Zeit und Raum festgelegt?)

B. Feedback

Notieren Sie Ihre Kritik und ordnen Sie sich in jedem Feld auf einer Skala von 1 (gering) bis 10 (stark) ein.

- Zielvorstellung erreicht
  Anmerkungen: 1 2 3 4 5 6 7 8 9 10

- Benutzung von audiovisuellen Techniken
  Anmerkungen: 1 2 3 4 5 6 7 8 9 10

- Haltung
  Anmerkungen: 1 2 3 4 5 6 7 8 9 10

- Gestik
  Anmerkungen: 1 2 3 4 5 6 7 8 9 10

- Bewegung
  Anmerkungen: 1 2 3 4 5 6 7 8 9 10

- Stimme
  Anmerkungen: 1 2 3 4 5 6 7 8 9 10

- Körpersprache
  Anmerkungen: 1 2 3 4 5 6 7 8 9 10

- Wichtigste Schwachpunkte meines Vortrages:
- Wichtigste Stärken:
- Was würde ich das nächste Mal anders machen?
- Mein eigenes Maß an Wohlbefinden und Freude:
- Allgemeine Bemerkungen:

Bewahren Sie das Tagebuch in einem speziellen Hefter mit den Mind Maps und den Fragebögen, die Sie erhalten, auf. Auch wenn Sie diese Informationen nicht schriftlich festhalten wollen, profitieren Sie dennoch von einer gedanklichen Beantwortung der Tagebuchfragen im Anschluß an jeden Vortrag.

Ein wichtiger Grundsatz zieht sich wie ein roter Faden durch dieses Buch. Er soll jetzt ausgesprochen werden: Die wichtigste Vorraussetzung für sicheres Auftreten ist vor allem, daran Spaß zu haben. Je beherzter Sie sich darauf einlassen, desto schneller wird er sich einstellen. Viel Spaß und Freude beim Üben!

11

Zwanzig Fragen und Antworten

In meinen Seminaren über sicheres Auftreten stellen mir die Teilnehmer immer ausgezeichnete Fragen. Da Sie vielleicht nach der Lektüre dieses Buches ähnliche Fragen haben, versuche ich, mir einige davon vorzustellen und gleich zu beantworten.

1) Die Firma, in der ich arbeite, ist sehr konservativ. Einige Ihrer Vorschläge, wie ich meine Vorträge kreativer gestalten kann, sind meinen Vorgesetzten und Mitarbeitern wahrscheinlich zu außergewöhnlich. Wie kann ich unter diesen Voraussetzungen meine Vorträge verbessern?

Passen Sie Ihre Kreativität mit Logik und Feingefühl an die Gepflogenheiten in Ihrer Firma an. Beurteilen Sie ganz objektiv die Toleranzspanne Ihrer Firma. Vermeiden Sie dabei eine ängstliche Grundhaltung, die dazu führt, daß Sie die innovative Bereitschaft Ihrer Firma unterschätzen. Versuchen Sie, in der Toleranzspanne zu arbeiten und sie mit der Zeit zu erweitern. Sie müssen kein bekannter Fernsehmoderator sein, um hervorragende Auftritte zu absolvieren; erinnern Sie sich einfach daran welche Kriterien dazu führen, daß das Publikum aufmerksam ist und sich an die wichtigsten Inhalte Ihres Vortrags erinnert, und verhalten Sie sich entsprechend.

2) Wieviel Zeit sollte ich aufwenden, um mich gründlich auf meinen Auftritt vorzubereiten?

Es gibt keine pauschale Empfehlung für die Dauer der Übungszeit – üben Sie solange, bis Sie zuversichtlich in Bezug auf Ihren guten Erfolg sind. Nachdem Sie sich Ihr Ziel gesetzt haben, fangen Sie so schnell wie möglich an, das Material zu sammeln und zu ordnen und sich damit vertraut zu machen. Diese Vorgehensweise läßt Ihnen mehr Zeit mit kreativen Möglichkeiten zu experimentieren, durch die Ihre Vortragsinhalte besser beim Publikum ankommen.

3) Was soll ich tun, wenn mir erst kurz vorher mitgeteilt wird, daß ich einen Vortrag halten soll?

Um unter großem Zeitdruck trotzdem erfolgreich zu sein ist es wichtig, daß Sie Ihre Gelassenheit bewahren und zuversichtlich handeln. Sie dürfen sich nicht von Angst überwältigen lassen. Es ist ganz wesentlich, daß Sie sofort damit beginnen, sich ein erfolgreiches Ergebnis vor Ihrem inneren Auge bildlich vorzustellen. Nehmen Sie

Mind Mapping zu Hilfe, um Ideen zu sammeln, und ordnen Sie die Inhalte und Zielsetzungen Ihres Vortrages. Wenden Sie dann die Mind Map Erinnerungsmethode an.

4) Wie kann ich Erschöpfung vermeiden, wenn ich in kurzer Abfolge viele Vorträge halten muß?

Gehen Sie bewußt mit Ihren Kräften um. Die Aufregung und der Adrenalinanstieg bei erfolgreicher Vortragstätigkeit kann Ihnen die Wahrnehmung der eigenen Erschöpfung erschweren. Es kostet eine ungeheure Menge an Energie, einen wirkungsvollen Vortrag zu halten. Wenn Sie ein großes Pensum an Vorträgen zu absolvieren haben, müssen Sie gut für sich selbst sorgen, um ein „Ausbrennen" zu verhindern. Ebenso wie andere professionelle Akteure (Sportler, Schauspieler, Tänzer etc.) müssen Sie genügend schlafen, regelmäßig üben und sich gesund und ausgewogen ernähren. Die Bedeutsamkeit dieser drei Punkte kann nicht deutlich genug unterstrichen werden.

Wichtig ist außerdem, daß Sie genügend Zeit für regelmäßige Pausen zwischen den einzelnen Vorträgen einplanen. Wenn Sie oft und regelmäßig Seminare für Gruppen abhalten, müssen Sie sich Phasen absoluter Ruhe gönnen. Nehmen Sie sich eine bestimmte Zeit für sich, in der Sie mit keinem Menschen reden müssen. Das wird nicht nur Ihre Stimme schonen, sondern auch Ihre Gesundheit. In den Pausen während des Vortrags sollten Sie nicht die ganze Zeit im Raum bleiben und Fragen beantworten, sondern in der Zeit einen erfrischenden Spaziergang unternehmen.

5) Wie kann ich meine Begeisterung wahren, wenn ich immer wieder den gleichen Vortrag halten muß?

Jeder Auftritt bietet Ihnen die Gelegenheit, etwas Neues zu lernen. Nutzen Sie diese Tatsache und Sie werden niemals gelangweilt sein. Denken Sie auch daran, daß Ihre Zuhörer den Vortrag zum erstenmal hören. Vergessen Sie nie Ihr Publikum.

6) Was muß ich bei einem Vortrag vor Menschen beachten, die deutlich älter als ich selbst sind?

Vergessen Sie nicht: Sie sind zu diesem Vortrag mit einer ganz bestimmten Absicht eingeladen worden. Übernehmen Sie die Initiative und geben Sie sich selbstbewußt. Je älter die Zuhörer sind, desto wirkungsvoller ist im allgemeinen ein autoritärer Stil. Entschuldigen Sie sich nie für Ihre Anwesenheit. Achten Sie darauf, einwandfrei gekleidet zu sein und stellen Sie sich, wenn nötig, Ihre Zuhörer vor, wie sie auf einem Photo aus dem ersten Schuljahr aussehen würden.

7) Wie kann ich das beste aus einer Situation machen, die durch unvorteilhafte Bedingungen beeinträchtigt ist (zu heiß, stickige Luft, schlechte Beleuchtung etc.)?

Wenn die äußeren Umstände ungünstig sind und Sie keine Möglichkeit haben, etwas daran zu ändern, akzeptieren Sie dies leichten Herzens und gönnen Sie sich und Ihren Zuhörern häufiger eine Pause.

8) Können Sie mir irgendwelche Tips geben, wie ich mich Kinderpublikum gegenüber verhalten sollte?

Behandeln Sie Kinder auf die gleiche Weise wie Sie Erwachsene behandeln würden, nämlich mit Respekt. Kinder benötigen wahrscheinlich mehr Pausen, um ihre überschüssige Energie abzureagieren. Versuchen Sie so oft wie möglich, Kinder aktiv miteinzubeziehen. Sprechen Sie einfach und verständlich und bedenken Sie, daß Kinder ebenso wie Erwachsene auf Farben, Bilder und Metaphern ansprechen. Setzen Sie diese Mittel großzügig ein.

9) Was soll ich tun, wenn ich während des Vortrags den Faden verliere?

Wenn Sie sich sorgfältig vorbereitet haben, wird Ihnen dies nicht sehr häufig passieren. Dennoch kommen sogar gut vorbereitete Redner gelegentlich aus dem Konzept oder haben einen Black-Out. Ihre Stärke zeigt sich darin, wie Sie mit einer solchen Situation umgehen. Wenn Sie aus dem Konzept geraten sind, unterbrechen Sie für einen Moment, atmen Sie tief durch und sammeln Sie sich. Falls Sie nicht sofort wieder an Ihren vorherigen Gedankengang anknüpfen können, holen Sie sich einfach beim Publikum Unterstützung mit der Frage: „Wo war ich stehengeblieben?“ An dieser Stelle wird zweifellos jemand aus dem Publikum antworten. Diese Form der Ehrlichkeit und Direktheit fördert gleichzeitig den Kontakt mit den Zuhörern.

10) Was sind die häufigsten Fehler, die von Rednern gemacht werden?

Keine sorgfältige Vorbereitung; das Publikum außer acht lassen; zu wenig Pausen; zu lange reden; sich hinter audiovisuellen Hilfsmitteln verstecken; sich selbst entschuldigen; mit monotoner Stimme sprechen; und – vor allem – sich selbst unterschätzen.

11) Haben Sie besondere Ratschläge für einen Auftritt im Fernsehen?

Denken Sie daran, daß Sie, wenn Sie in eine Fernsehkamera schauen und zu Millionen von Menschen sprechen, es gleichzeitig mit Millionen von Individuen zu tun haben. Reden Sie so, als ob Sie direkt zu *einem* von ihnen sprechen würden. Übertreiben Sie Ihre Gesten ruhig und machen Sie sich keine Sorgen darüber, einen zu starken Eindruck zu hinterlassen.

12) Wie kann ich mit schwierigen Leuten umgehen?

Die meisten schwierigen Menschen sind deshalb schwierig, weil sie ein Problem haben. Oft hat es nichts mit Ihnen und Ihrem Vortrag zu tun. Manche Leute sind einfach unsicher und müssen sich deshalb mit umfangreichem Wissen hervortun; andere wiederum sind nur mit dem falschen Bein aufgestanden. Einige wenige werden vielleicht tatsächlich auf einige Aspekte Ihres Vortrags reagieren. Diese Probleme können sich auf die unterschiedlichste Art und Weise kundtun, angefangen bei geräuschvollem Papierrascheln bis hin zu unnötigen und feindseligen Fragen. Solche Situationen bekommt man immer am besten dadurch in den Griff, daß man es nicht persönlich nimmt. Versuchen Sie die wahren Gründe herauszufinden und damit umzugehen.

Um auf aggressive Fragen am besten zu antworten, hören Sie sich das Gesagte genau an und suchen Sie nach Aspekten der Frage, mit denen Sie selbst übereinstimmen. Vermeiden Sie es, in die Defensive zu gehen. Je besser es Ihnen gelingt, sich in den Fragesteller hineinzuversetzen, desto leichter können Sie die Situation entwirren. Lassen Sie sich nicht auf einen Streit ein, auch wenn Sie sicher sind, daß Sie Ihren „Gegner" mit höherem Wissen überwältigen können. Sie gewinnen vielleicht den Kampf, verlieren dabei aber die Sympathie des Publikums. Halten Sie den Kontakt mit den Zuhörern, und Sie werden erleben, wie das Publikum das Geschehen mitbestimmt und es nicht toleriert, daß ein verstimmter Teilnehmer den Ablauf behindert.

Vergessen Sie eines nicht: Wenn Sie sorgfältig vorbereitet sind und sicher auftreten, wird diese Art von Problemen selten auftauchen.

13) Können Sie mir einige generelle hilfreiche Strategien bei der Beantwortung von Fragen empfehlen?

Achten Sie immer sorgfältig auf das Wesentliche in der Fragestellung und beantworten Sie jede Frage gewissenhaft. Stellen Sie fest, ob jeder die Frage gehört hat, und wiederholen Sie sie, falls es nötig ist. Es ist sinnvoll, eine kurze Pause einzulegen und nachzudenken, bevor Sie die Frage beantworten. Ihre Anwort sollte so präzise wie möglich sein. Wenn Sie die Anwort nicht wissen, leiten Sie die Frage einfach an das Publikum weiter. Dies bietet sich auch zur Aktivierung der Zuhörer an, selbst wenn Sie die Antwort wissen. Bekennen Sie anderenfalls ganz souverän, daß Sie die Frage nicht beantworten können und bieten Sie an, der Fragestellung nachzugehen und sie bei anderer Gelegenheit zu beantworten.

14) Kann ich ein guter Redner werden, obwohl ich körperlich behindert bin?

Sicher. Ihre Aufrichtigkeit, Integrität und Bereitschaft, das Publikum zu erreichen, werden Ihren Erfolg ausmachen.

15) Können Sie einige Tips für eine Verkaufspräsentation geben?

Sie müssen sich über Ihre Zielvorstellungen genau im klaren sein. Und Sie müssen Ihre Zuhörerschaft gut kennen. (Schätzen Sie Ihre Zuhörer so ein, daß sie die von Ihnen gewünschte Entscheidung zum Kauf auch wirklich treffen?) Finden Sie die Wünsche und Bedürfnisse des Publikums heraus und erfüllen Sie diese. Seien Sie sensibel für den Augenblick, in dem Ihre Zuhörer „kaufwillig“ sind und überschreiten Sie diesen Punkt auf keinen Fall. Stattdessen beginnen Sie dann mit dem Verkauf.

16) Kann man die von Ihnen beschriebenen Methoden auch in der Schule anwenden?

Selbstverständlich. Fähige Lehrer haben intuitiv genau diesen Ansatz. Sie lockern logische und disziplinierte Herangehensweisen immer durch viel Phantasie und Spaß auf. Eines meiner beliebtesten Beispiele dafür ist die Geschichte von einer Lehrerin, die einen Wettbewerb als Jahresbeste in ihrem Beruf gewonnen hatte und daraufhin in den Abendnachrichten zusammen mit ihrer Klasse vorgestellt wurde. Ihre Schüler beschäftigten sich gerade mit den Salemer Hexenprozessen. Das Interview begann damit, daß die Lehrerin kreischend und lachend auf einem Skateboard hereinraste. Sie trug einen schrillen schwarzen Hut, und alle Kinder hatten Kostüme aus der damaligen Zeit an. Ihre Schüler waren emsig damit beschäftigt, Gerichtsszenen nachzuspielen. Die Reporterin stellte ihnen einige herausfordernde Fragen über die Hexenprozesse, die die Kinder korrekt und mühelos beantworteten. Sie fragte auch, ob die Kinder an diesem Unterricht Spaß hätten, und alle erklärten übereinstimmend: „Es ist der beste Unterricht, den wir je hatten." Auf die Frage, ob ihre Lehrerin streng sei, kam die Antwort: „Sie ist die strengste, fairste und anspruchvollste Lehrerin der ganzen Schule!"

Die Kinder lernten sehr viel, liebten ihre Lehrerin und hatten Spaß an ihrem Unterricht. Sicheres Auftreten vereinbart Logik mit Phantasie, Disziplin mit Spaß. So sollte richtige Erziehung sein!

17) Wie soll ich Humor einsetzen?

Humor ist ein ausgezeichnetes Mittel, um Streßsituationen aufzulösen sich und Ihr Publikum zu lockern und das Erinnerungsvermögen Ihrer Zuhörer zu fördern. Spontaner Humor wirkt am besten. Vermeiden Sie also aufgesetzte und gekünstelte Witze, verhalten Sie sich ungezwungen und natürlich.

18) Wie kann ich mehr über die Alexander-Technik erfahren?

Diese Methode lernt man am besten in Einzelsitzungen bei einem ausgebildeten Lehrer. Die Sitzungen dauern gewöhnlich zwischen 30 und 45 Minuten. Die meisten Lehrer empfehlen einen Grundkurs, der mindestens 30 Sitzungen umfaßt.

Qualifizierte Lehrer finden Sie unter folgenden Adressen:

Gesellschaft für F. M. Alexander-Technik (GLAT)
Postfach 53 12 D – 7800 Freiburg

Schweizerischer Verband der Lehrerinnen und Lehrer
der F. M. Alexander-Technik (SVLAT)
Postfach, 8032 Zürich
Telefon: (Schweiz) 01 / 2 01 03 43

19) Gibt es weitere Anwendungsgebiete für die Methode des Mind Mapping?

Mind Mapping hat Hunderte von praktischen Anwendungsgebieten. Ich benutze sie am liebsten für die Planung von Urlaub, Parties, Programmen und Treffen; Aufzeichnung von Vorträgen, Träumen, Telefongesprächen und Arbeitsmaterialien; als Ideen-Brainstorming für Gedichte und andere kreative Lösungsversuche; für die Schlichtung von Konflikten und zur Lösung von Problemen. Zu guter Letzt eignen sich Mind Maps hervorragend für das Sammeln und Ordnen von Material beim Schreiben von Berichten, Artikeln und Büchern. Dieses Buch wurde vollständig mit Hilfe von Mind Maps erstellt.

Neben dem Effekt der Produktivitätssteigerung verhilft Mind Mapping Ihnen auch dazu, ein ausgewogenes Verhältnis zwischen logischem und phantasievollem Denken herzustellen. Dadurch erhöht Mind Mapping Ihre geistige Flexibilität und Ihre umfassende Kreativität. ·

20) Wird es sich auch auf andere Bereiche meines Lebens auswirken, wenn ich meine Fähigkeiten für sicheres Auftreten entwickle?

Meinen Erfahrungen nach bedeutet die Auseinandersetzung mit der eigenen Darstellungsfähigkeit und das Erlernen von sicherem Auftreten, daß sich die eigene Persönlichkeit weiterentwickelt. Um Ihre Fähigkeit, sich vor einem Publikum wirkungsvoll darzustellen, grundlegend zu erweitern, müssen Sie als Mensch wachsen. Seien Sie darauf vorbereitet, sich Ihren Ängsten, Unsicherheiten und beengenden Verhaltensmustern zu stellen. Lernen Sie, Ihr Ego beiseite zu lassen, wenn Sie ehrliches Feedback als Reaktion auf Ihre Auftritte erwarten.

Die Auseinandersetzung mit diesen Herausforderungen bringt Ihnen wertvolle Einsichten und Erkenntnisse, sowohl über Ihre eigene Persönlichkeit als auch die anderer Menschen. Diese Einsichten werden Ihnen dabei helfen, zwischenmenschliche Beziehungen neu zu gestalten und persönliche Führungseigenschaften aufzubauen und zu einem Höchstmaß von Selbstvertrauen, Ausgeglichenheit und persönlicher Ausstrahlung zu gelangen.

Anmerkungen

Einleitung

1. Tony Buzan – persönliche Kommunikation. Siehe auch „The Brain Users Guide", (E.P. Dutton, New York, 1986). Buzan stützt sich bei dieser Aussage auf seine Einschätzung des Anstiegs der Zahl wissenschaftlicher Veröffentlichungen über das Gehirn.

2. Wallace and Wallechinsky, „The Book of Lists", (William Morrow and Company, New York, 1977), S. 469. Die Angst vor öffentlichem Reden steht in dieser Umfrage an erster Stelle bei 41% der Bevölkerung, noch vor der Angst vor Atomkriegen, Tod und finanziellem Ruin.

Kapitel 1. Kontakt mit unserem Gehirn

1. Tony Buzan, „Use Both Sides of Your Brain", (E.P. Dutton, New York, 1985). Siehe Kapitel „Your Mind Is Better Than You Think".

2. Peter Russell, „Der menschliche Computer“, (Heyne Verlag, München, 1982). Beachte Erörterung in Kapitel 12: „Kann man sich an alles erinnern?“.

3. Ebenda, S. 21. Russell bemerkt, daß wir wahrscheinlich sogar weniger als 1% der Kapazität unseres Gehirns nutzen; in seinen Worten „eher 0,1% und weniger!“

4. Ebenda, beachte Erörterung in Kapitel 4: „Die beiden Seiten des Gehirns“. Seit Sperry zuerst die Dualität des Gehirns entdeckte, hat es einen explosionsartigen Anstieg an Interesse auf diesem Gebiet gegeben. Forscher haben herausgefunden, daß jede Hemisphäre tatsächlich fähig ist, die Arbeit der anderen zu übernehmen, und daß die Funktionseinteilung nicht so eindeutig ist wie zuerst angenommen. Ich empfehle die Ausdrücke „linkshemisphärisch“ und „rechtshemisphärisch“ auf die Fähigkeiten der Logik bzw. der Phantasie zu beziehen. An welchem „Ort“ diese Fähigkeiten auch liegen mögen, unsere höchsten geistigen Funktionen hängen jedenfalls davon ab, daß diese Fähigkeiten in ausgewogener Weise genutzt werden (können).

5. Ebenda, beachte Erörterung in Kapitel 8: „Die Vorstellung und ihre Beziehung zum Gedächtnis“.

Kapitel 2. Mind Mapping

1. Tony Buzan, „Use Both Sides of Your Brain“, dort zitiert. Beachte Erörterung in Kapitel 4 „Noting“.

2. Betty Edwards, „Drawing on the Right Side of the Brain“, (J. P. Tarcher, Los Angeles, 1979). (deutsch: „Garantiert zeichnen lernen“, Reinbek, 1982.) Eine hervorragende Darstellung der fördernden Wirkung des Zeichnens auf das Gehirn.

3. Tony Buzan, „Use Both Sides of Your Brain“, dort zitiert. Beachte Erörterung in Kapitel 4 „Noting“. Siehe auch: Howe and Godfrey, „Student Note Taking as an Aid to Learning“, (Exeter University, England, 1977).

Kapitel 4. Gedächtnistraining

1. Peter Russell, „Der menschliche Computer“, dort zitiert. Beachte Kapitel 6 „Der menschliche Computer“.

2. Ebenda

3. Christopher Turk, „Effective Speaking: Communicating in Speech“, (E. & F. N. Spon, New York, 1985), S. 49. Turk bemerkt: „Der Zuhörer muß die Struktur der Rede erfassen können. Sorgen Sie dafür, daß dem Zuhörer das allgemeine Muster Ihres Vortrages verständlich ist.“

4. Ebenda, S. 75

5. Peter Russell, „Der menschliche Computer“, dort zitiert. Beachte Kapitel 6 „Die Psychologie des Gedächtnisses“.

6. Ebenda

Kapitel 5. Übung macht den Meister

1. A. Richardson, „Mental Imagery“, (Routledge and Kegan Paul, London, 1969), S. 56.

2. Peter Russell, „Der menschliche Computer“, dort zitiert. Kapitel 15.

3. Ich empfehle die Entspannungsübung aus Dr. Herbert Benson’s Buch „The Relaxation Response“, (Collins, London, 1976).

4. John Basmajian, „Conscious Control of Single Nerve Cells“, (New Scientist, Dezember 1963), S. 663.

Kapitel 6. Wie gestalte ich meine Bühne

1. John Diamond, „Behavioural Kinesiology: the new science for positive health through muscle testing“, (Harper and Row, New York, 1979), S. 78 – 79. („Der Körper lügt nicht“, Verlag für angewandte Kineosologie, Freiburg 1983, 1988, S. 125).

2. Peter Russell, „Der menschliche Computer“, dort zitiert, S. 258; (Die deutsche Übersetzung nennt 18° C als ideale Temperatur, wobei es in Russels Buch aber um individuelles Lernen, nicht um Zuhören bei einem Vortrag geht.)

3. John Diamond, „Behavioural Kinesiology: the new science for positive health through muscle testing“, dort zitiert. Beachte Erörterung in Kapitel 9 „The Music in Your Life“ (s. Fn. 1)

Kapitel 7. Die Angst transformieren

1. Frank Pierce Jones, „Body Awareness in Action, A Study of the Alexander Technique“, (Schocken Books, New York, 1976).

2. F. M. Alexander, „The Use of the Self“. Neudruck durch Centerline Press, CA 1986.

3. Diese sehr differenzierte Art, an Körperbewußtseinsprozesse herangeführt zu werden, ist einzigartig und muß selbst erfahren werden, um verstanden und geschätzt werden zu können.

Kapitel 8. Lassen Sie Ihren Körper sprechen

1. Albert Mehrabian, „Silent Messages", (Wadsworth, U. K. 1971). Siehe auch M. Argyle et al, „The Communication of Superior and Inferior Attitudes by Verbal and Non-Verbal Signals", (British Journal of Social and Clinical Psychology, Vol. 9, 1970) S. 222 – 231.

2. Albert Mehrabian, „Silent Messages", dort zitiert.